JN410957

- 김도언 인터뷰집 -

vol.2

<김도언 인터뷰집>

법치주의 공화국의 사제들 _ *vol. 2*

초 판 인 쇄 2025년 8월 29일
초 판 발 행 2025년 9월 12일
지 은 이 김도언
발 행 인 이수형
발 행 처 (주)법률신문사
출 판 등 록 1980. 4. 22 제6-46호
주 소 서울특별시 서초구 서초대로 396, 1402호
대 표 전 화 02-3472-0602~5
팩 스 02-3472-0606
홈 페 이 지 www.lawtimes.co.kr

I S B N 979-11-5919-052-0 (03810)
정 가 19,000원

- 김도언 인터뷰집 -

vol.2

법치주의 공화국의 사제들

법치와 정의의 올바른 방향을 탐색하다

인터뷰어의 말

<법률신문> 대표 이수형 선생님의 뜻밖의 제안으로 시작된 인터뷰였다. '시인이 만나는 법'이라는 타이틀로 한 달에 한두 번씩 법률가들을 만나 그들의 이야기를 잘 듣고 독자들에게 전해달라는 것이었다. 내가 받아들이기로는 '시인이 만나는 법'에서 '법'은 중의적 의미를 지니는 것인데 말 그대로 법률이기도 하지만 방식(How)이나 스킬이기도 하다. 언어와 컨텍스트의 관계를 통찰하는 그 탁월한 감각이 내게 풍요로운 모티프를 안겨주었다.

그래서 2년 동안 60명의 법률가와 법학자를 만났다. 인터뷰이 중에는 법이 내포하는 세계의 외연에서 자유로울 수 없는 분들도 있었다. 이를테면 <제국의 위안부>라는 책을 펴낸 이후 명예훼손 혐의로 피소돼 장장 10년에 걸친 투쟁을 감당했던 박유하 교수님이 그렇다.

아무려나 적수공권에 불과하지만 문학적 자의식과 오만으로 가득했던 나는, 그래도 이 땅에서 제일가는 엘리트들이라는 법률가들을 만나고 그들의 이야기를 들으면서 감겨져 있던, 뜨고 싶어도 뜰 수 없었던 눈꺼풀이 조금씩 열리는 느낌을 받았다. 개안이었다고나 할까.

내가 인터뷰이들로부터 배운 것은 법이라는 것이 일정한 전문 분야의 독점적이고 배타적인 지식체계로 존재하지 않는다는 것이었다. 법은 생활과 생계를 매우 직접적인 방식으로 제어하는 동시에 격렬한 영감을 안겨주는 '존재론'이었다. 모든 개인은 존엄과 자유를 추구하기 마련이고 그것은 특히 문학이 앞서서 주장하는 것인데, 그 또한 법과의 대화나 조율을 통해서 확장되거나 보장되었다는 명백한 사실 앞에서 나 같은 문학주의자는 얼마간 겸허해질 수밖에 없었다.

그간 숱한 예술가, 작가, 석학 등을 인터뷰해온 입장에서 말하자면 인터뷰는 사실 상호간 매우 격렬한 내면투쟁이다. 인터뷰 대상이 되는 이의 상처와 욕망을 깊이 들여다보려는 인터뷰어와 그걸 자신이 원하는 만큼만 드러내려는 인터뷰이 사이에 긴장이 생긴다. 나는 그걸 오로지 선의를 가지고 허물어뜨리려고 노력했는데, 적잖은 인터뷰이들이 인터뷰 도중 무장을 해제하는 걸 느낄 수 있었다. 다른 게 아니고 그게 내 보람이었다.

다채로운 서사를 통해 삶과 세계의 원리를 가르쳐준 인터뷰이들께 이 자릴 빌어 깊이 감사드린다. 아울러 인터뷰를 맡겨주신 〈법률신문〉 이수형 선생님과 지속적인 응원을 해주신 이재열 부사장님, 인터뷰 진행을 도와주신 〈법률신문〉 기자님들, 이 책의 편집을 맡아주신 최효선 님께도 각별한 안부인사를 올린다. 그리고 이제 겨우 안도하고 술 한잔 마신다.

2025년 처서, 새절 주옥(酒屋)에서

김도언

차 례

vol.2

김도언 인터뷰집

법치주의 공화국의 사제들

존경받지도 못하는 정치를 왜 넘보나

심재륜

전 대구고검장

"당시 중앙감은 말도 못했죠. 막말로 목숨을 건 심정이었어요. 그만큼 김현철 씨의 위세가 하늘을 찔렀어요. 횡포가 어느 정도였냐면 하얏트호텔과 롯데호텔에 전용 사무실을 차려놓고 고위직에 들어가려는 인사들을 다 만났어요. 높은 자리를 하려면 거길 꼭 가야 했죠. 김현철 씨 본인은 김영삼 대통령을 돕기 위해서 애국심에서 검증과 선별을 했다고 하는데, 지금 생각하면 말이 안 되는 국정 농단이었죠. 내 전임 중수부장은 그에게 면죄부를 줬으니 내심 안도했었는지 검찰 소환을 하니까 '아이고 검찰 신세를 다시 지게 되어 죄송합니다'라고 너

1967년, 약관 스물셋의 나이로 사법시험에 차석 합격하고 대구 고검장을 끝으로 퇴임한 **심재륜 변호사**는 까마득한 검찰 후배인 윤석열 대통령까지 법조인으로서 열한 명의 대통령 치세를 겪었다. 그런 그에게 역대 대통령들의 검찰관, 법치주의에 대한 인식의 차이를 이야기해 달라는 질문을 던진 것은 필연적이었다.

스레를 떨더라구요. 나는 원칙과 소신을 갖고 수사를 밀어붙였죠."

한보 사태와 관련 1997년 대검 중수부장으로서 김영삼 대통령 아들 김현철 씨를 구속 기소하고 처벌한 심재륜(80·사시 7회) 변호사는 당시를 엊그제 일처럼 상세히 회고했다. 심 검사는 그 사건으로 국민적인 지지와

성원을 받는 '국민 검사'의 반열에 오른다. 필자도 생생히 기억하는 바, 당시 뉴스에 나오는 심 검사를 보면서 우리 국민도 무언가 믿을 만한 강직한 공복을 갖게 되었다는 자부심을 느꼈다. 그는 확실히 국민에게서 아낌없는 신뢰와 응원을 받은 유일무이한, 전무후무한 검사였다.

서초동 심재륜변호사사무소에서 만난 심재륜 변호사는 80대의 고령임에도 기억력이 또렷했고 말투에서도 절제와 비상한 결기가 느껴졌다. 그의 말은 이어졌다.

"사실 김현철 씨의 국정농단에 비하면 박근혜 대통령 때 최순실 씨 국정 농단은 아무것도 아닌 셈이죠. 다만 반대편에 있는 정치 세력이 공세적으로 탄핵을 밀어붙였다고 봐요. 그 탄핵으로 탄생한 문재인 정부, 그리고 그 정부와 대립하다가 대통령이 된 윤석열까지 옳지 않은 업보가 그때 박근혜 탄핵 때 생긴 거죠."

법조 원로의 발언치고는 상당히 직접적인, 뼈가 있는 소신 발언이다. 그는 일제 치하였던 1944년 충북 옥천에서 태어나 대전에서 초등학교를 졸업하고 중3 때 서울로 이사를 왔다고 한다. 부친은 교육자였고 선비적 기품이 있었다고. 그래서 자연스레 집안에도 유교적 가풍이 있었다는 것이다. 9남매의 막내였던 그는 어머니를 두 살 때 여의는 아픔을 겪는데, 형과 누나들의 보살핌으로 그늘 없이 자랄 수 있었다고 했다. 공부를 잘했던 그는 당시 타향 출신 60명에게 입학 자격을 주는 시험을 보고 서울고에 들어갔다고. 법대를 택한 것은 특별한 이유가 있어서라기보다는 이과보다는 문과적 기질이 더 강했기 때문이라고 했다. 그런데, 사법시험 합격 후 검사의 길을 택한 것은 순전히 자신의 의지였단다.

"판사는 명예직이긴 한데 검사나 소송당사자가 소송제기한 범위 내의 최종 판결자이기 때문에 정의를 실현하는 역할에 한계가 있어요. 1선에서 후퇴한, 제한된 범위 안에서 일을 하기보다는 나는 좀더 적극적이고 최일선에서 사회악을 일소하고 사법정의를 구현하는 일을 하고 싶었어요. 그런 분명한 포부가 있었달까요. 그래서 검사 일을 택한 거예요."

1967년, 약관 스물셋의 나이로 사법시험에 차석 합격하고 대구 고검장을 끝으로 퇴임한 심재륜 변호사는 까마득한 검찰 후배인 현 윤석열 대통령까지 법조인으로서 열한 명의 대통령 치세를 겪었다. 그런 그에게 역대 대통령들의 검찰관, 법치주의에 대한 인식의 차이를 이야기해 달라는 질문을 던진 것은 필연적이었다.

"내가 박정희 대통령 빼고는 역대 대통령들을 다 만나봤어요. 박 대통령 때는 초임 검사이고 젊었을 때여서 못 본 거지요. 박정희 대통령은 엘리트들을 우대했어요. 검찰이란 조직도 상당히 신뢰했구요. 그래서 역설적으로 박 정권 때가 검찰이 가장 자율성을 보장 받았던 시기였다고 생각해요. 물론 유신 때 자신이 가장 믿는 검찰, 정치 검사들을 이용하는 우를 범하기도 했지만요. 개인적으로 자유분방한 선출자보다는 제도권 하에서 교육과 훈련을 받은 대통령이 좀 더 나은 면이 있다고 생각해요."

다른 길을 염탐하지 않고 묵묵히 검사직을 소명처럼 수행하고 퇴임한 존경받는 검찰 원로로서 문재인 정부 때 정국을 뒤흔든 화두였던 검찰개혁과 그의 후과로 이어진 검찰 권한의 축소, 이른바 검수완박을 지켜보는 심사가 편했을 리는 없을 테다. 그에 대한 소회를 솔직히 들려달라고 했다. 기다렸다는 듯 단호하면서도 정곡을 찌르는 비판이 나왔다.

"검수완박이 검찰의 수사권을 완전히 박살낸 것이라고 저는 해석하는데요. 제가 사시 패스했을 때 검수완박이었다면 저는 검사를 안 했을 겁니다. 검사의 중요한 기능이 반토막 나고 검사가 공소유지의 당사자 역할밖에 못한다면 사설변호사와 다를 게 없습니다. 지금도 정치권 일각에서 '검사독재' 운운하는데, 지금 검사가 무슨 권한이 있습니까. 정치 구호에 불과할 뿐이죠. 개혁 대상이라는데 무슨 힘이 있다고 개혁 운운하는 겁니까. 이러한 발상은 법조3륜의 시스템을 허물어뜨리고 사법부 자체를 위협하는 일입니다. 대륙법과 영미법을 봐도 세계의 조류와 맞지 않는 퇴행입니다."

국민적 인지도가 높은, 선망과 존경을 받은 검사였기에 현직에 있을 때든 퇴임 후든 공직이나 정치권으로부터 수많은 유혹과 제안이 있었으리라는 추정이 가능한데, 그 이야기를 들려달라고 했다. 결과론적으로 보면 그는 아무것도 받아들이지 않고 법조 원로로 남아 있는 셈인데 그 선택에 후회 같은 걸 한 적은 없는지도 물었다.

"공직 제안도 있었지만 정치권으로부터의 유혹은 감당할 수 없을 정도였지요. 그러나 저는 검사로서의 자부심이 있었어요. 검사라는 직업이 다른 길을 택할 때 참고할 '경력'이 되는 걸 받아들이고 싶지 않았어요. 저는 검사가 정치인보다 못할 게 없는 직업이라고 생각하거든요. 그런데 제가 왜 존경 받지도 못하고 가치도 없는, 시정잡배들이 하는 정치를 왜 넘봅니까. 퇴임시에는 사랑하는 후배들의 의견을 묻기도 했지만, 나는 내가 믿는 길을 지키고 따랐을 뿐이에요."

그러곤 잘 알려지지 않은 비화 하나를 들려줬다.

"노무현 대통령이 강금실 장관 후임으로 법무부 장관을 하라고 불렀어요. 그런데 과감하게 거절했죠. 그 이유는 내가 직전 대선에서 이회창 후보를 공개적으로 지지했었는데 의리를 지키고 싶었어요. 또 한 가지 이유는, 노 대통령이 조건 하나를 내걸었는데, 장관의 인사권을 협의체를 만들어서 같이 하자는 거예요. 지금 법원이 김명수 대법원장 때 그걸 도입해서 문제가 많잖아요. 그걸 받아들일 수 없었죠. 그런데 그때 장관을 해서 불의한 인사들을 다 갈아엎어버릴 걸 그랬나 하는 생각도 한 적이 있지만 역시나 안 한 건 잘했다고 생각해요."

그에게 다시 좀 불편할 수 있는, 하지만 피할 수 없는 질문을 던졌다. 불과 20일 전인 12월 3일 검찰총장 출신 대통령에 의해 전격적인 계엄이 선포되고 결국 국회에서 탄핵이 의결되는 사태가 있었고 검찰의 대선배로서 이를 바라보는 감회가 예사롭지 않았을 텐데, 과연 계엄 탄핵 정국을 어떤 관점과 심경으로 보고 있는지를. 아울러 차제에 검찰 출신의 정치 활동을 제도적으로 규제해야 한다는 목소리도 나오고 있는데, 이에 대한 생각도 물었다.

"대통령이 검찰 출신이라는 것에 특별한 의미를 두어서는 안 된다고 봅니다. 검찰이 검찰 몫으로 대통령을 낸 것도 아니니까요. 대통령 자신이 헌법과 계엄법에 부여된 권한에 의거 계엄 선포를 했다면, 그 나름대로의 정당성이 있는지는 앞으로 헌재에서 가려질 일입니다. 그 본질을 정확히 알지 못하면서 정치적인 셈법으로 함부로 속단하는 것은 금물이죠. 근데 우선 내란이란 말이 상식적 의미에 부합하지 않아요. 대통령이 내란을 일으킬 이유가 없잖아요. 내가 계엄의 정당성을 얘기하는 건 아니지만 법적으로 엄밀히 다퉈야 할 일입니다. 그리고 검사 출신들이 정치를 하는 걸 법적으로 금하자고 하는데, 어떻게 민주주의 국가에서 그런 발상이 나옵니까. 그건 일단 기본권을 침해하는 거잖아요. 민주주의에도 위배되는 것이고요."

질문의 방향을 살짝 틀어서 그렇다면 법조인의 정치 참여에 대해서는 어떻게 생각하는지 물었다. 필자는 심 변호사에게 1992년 이후 국회의원을 지낸 사람 중 208명이 법조인이라는 구체적 통계를 들었다.

"고시 합격자를 처음에 한 50명 미만인 것을 300명으로 늘렸습니다. 300명도 적다 해가지고 1000 명까지 늘렸어요. 그다음에 그것도 적다고 해서 로스쿨에서 매년 1500명 이상 법조인을 배출하게 했습니다. 그런데 거기서 정치하는 사람이 나오는 걸 어떻게 막습니까. 이재명이나 문재인 같은 사람도 다 법조인 출신이잖아요. 외국을 봐도 법조 출신들이 정치를 많이 하고요. 법과 정치는 원래부터 생래적으로 밀접한 연관을 맺을 수밖에 없는 영역입니다. 그런데 검사만 그쪽으로 못 가게 한다뇨. 그건 참 웃기는 발상이죠."

여의도에 자택이 있다는 심재륜 변호사는 가급적이면 매일 변호사 사무실에 나온다고 했다. 그런 일정한 루틴을 지키며 사는 것이 건강을 유지하는 법이라고 하면서도 그는 상사의 무장무애, 무념무상을 들면서 일상과 자연의 질서에 순응하면서 살고자 노력한다고 말했다. 그때 그의 눈동자에 작지만 섬세하게, 별똥별처럼 회한의 빛이 스쳐 지나가는 것이 보였다.

이미 다 지난 일이지만 심재륜 변호사는 대전지검장 재직 시절 일어난 이른바 대전법조비리 사건에 휘말려 김대중 대통령에 의해 면직되고 정든 검찰을 떠나야 했다. 대전 지역에서 활동하던 이종기 변호사의 수임을 전현직 검사와 경찰들이 금품을 받고 도왔다는 것이 이 사건의 전말이다. 결국 대법원에서 면직 취소 판결로 받아내 자신의 진실을 공인받았으나 이미 그는 깊은 내상을 입은 후였다.

검사로서의 명예를 목숨처럼 여기고 공직의 소명만을 생각해온 심 변호사에게 그 사건은 너무 가혹한 고난이었다고 생각한다. 만약 그가 그런 변고를 만나지 않았다면 그는 아마도 틀림없이 더 크게 쓰였을 것이다. 그런데 그렇지 못했던 것은 심재륜 변호사뿐만 아니라 법치국가 대한민국 구성원 모두의 불행이고 손실이었다고, 나는 그와 인터뷰를 마치고 그의 방을 나오면서 확신처럼 생각했다. 아울러, 그는 우리 시대가 만난 최고의, 최선의 검사였다는 생각도.

「법률신문 2024년 12월 26일자 게재」

대검 중수부장 시절인 1997년 구속한 YS 아들 김현철
"아이고 검찰 신세를 다시 지게 되어 죄송합니다"

로스쿨서 배출하는 법조인이 매년 1500명 이상
거기서 정치하는 사람 나오는 걸 어떻게 막나

검수완박이 검찰 수사권 완전히 박살내
공소유지 역할밖에 못하면 사설변호사일

검찰이 뭐하는 조직인가 치열한 고민없어 흔들려 온 것

김종민

S&L파트너스 변호사(현 MK파트너스 대표변호사)

인터뷰어로서 꼭 한번은 만나고 싶은 이였다. SNS 팔로워로 김종민 변호사(58·사법연수원 21기)의 글을 따라 읽는 동안 좀 과장해서 말하면 내가 이상적으로 생각해온 '당대의 지성'을 발견한 기분이었기 때문에.

개인적으로 오래전부터 법조인은 법률전문가이기 이전에 우리 사회가 고비용으로 길러낸 귀한 인적 자산이고, 공적 지식인으로서의 역할

"

법무관 시절 프랑스 배낭여행 열흘
내가 속아 살았다, 세상은 넓다 알아
이후 3년 프랑스 생활하며 세상 공부

수사과정 인권 침해 등 막아야 할 검찰
한국은 수사만 부각되며 정체성 흔들
검경 수사권 조정 무소불위 경찰 우려

'인생은 짧다 시시하게 굴지마라' 모토
떡고물 바라고 필요에 따라 침묵 않는다

"

에 각별한 자의식을 가지고 그에 맞는 실천을 할 수 있어야 한다고 생각해온 터였다.

김종민 변호사가 일간지와 법률신문 등에 쓰는 칼럼은 내게는 어둡고 의뭉스러운 수심을 헤치는 탐조등인 동시에 얼음으로 뒤덮여 미로가 된 바다에 길을 내는 파쇄선처럼 다가왔다. 진영 논리로 진실이 형해화한 상황에서 한국 사회의 현안과 이슈를 탁월한 독해력과 논리력, 감수성으로 갈파하고 있었기 때문이다.

특히 김 변호사는 조국 전 장관이 쏘아 올린 검찰개혁 정국에서 누구보다도 소신 있는 입장을 내놓으며 문재인 정부와 조국 일가, 당시 여당인 민주당을 강도 높게 비판했다. 그것은 내심 보수 우파가 환영할 만한 목소리였다. 그런데 웬걸, 윤석열 정부가 출범하고 2년이 지나는 동안 실정이 이어지자 여기에 대고도 누구보다 앞서 맵고 쓴소리를 쏟아내고 있다.

법무법인 S&L파트너스 사무실에서 그를 만나자 마자 문장력을 칭찬했더니 김 변호사는 겸연쩍어하면서 아마도 책읽기가 글쓰기의 원천이 된 것 같다고 했다. 그러곤 아버지 얘기를 꺼냈다.

"아버지는 서울 중앙청 공무원이셨어요. 충청도 출신이셨구요. 저도 서울에서 태어났죠. 그러다가 초등학교 1학년 때 외가가 있는 부산으로 이사를 해서 그곳에서 초중고를 나왔어요. 아버지와의 교감의 폭이 넓다고는 할 수 없지만, 어느 순간부터 아버지의 DNA를 제가 물려받았다는 생각이 들더라구요. 아버지가 선비 같은 면이 있어서 경제적인 능력보다는 책 읽은 것을 더 좋아하셨거든요."

그러곤 김 변호사는 아버지가 남겨주신 책이라면서 1970년대의 문고본 책과 시인 조지훈이 번역한 〈채근담〉을 보여주었다. 여기서 다시 한번 나는 지성의 표징(表徵)을 보았다고 느꼈다.

그는 의대를 지망했으나 수학 성적이 신통치 않아 자의반 타의반 법대에 진학했다고 했다. 그러곤 사법시험을 준비하는데, 판사와 검사를 하는 것도 좋지만 일단 변호사 자격을 가지고 있으면 나중에 어떤 일을 하더라도 굉장히 도움이 되겠다는 다소 나이브한 생각을 했었다고. 연수원을 마치고 초임 검사로 발령받기 전 그는 법무관으로 나간다. 그런데 이때 그의 삶에서 매우 중요하면서도 지속적인 의미가 될 결정적 모티프를 만난다. '프랑스'가 바로 그것이다.

"어렸을 때부터 외국에 대한 동경이 있었어요. 그래서 외국 친구들과 펜팔 같은 것을 하면서 영어 공부를 했죠. 그러다가 제가 사법시험에 합격하던 1989년도에 해외여행이 자유화됐어요. 법무관 3년차였던 1994년 장성급 지휘관의 허가만 있으면 단수 여권을 받아가지고 현역 장교도 외국을 갈 수 있었어요. 그래서 절차를 밟아서 케세이퍼시픽 항공기를 타고 꿈에도 그리던 배낭여행을 떠나 홍콩을 경유해 파리까지 갔죠. 그 열흘 동안 프랑스 전역을 여행하면서 눈에 씌인 꺼풀이 벗겨진 것처럼 '내가 완전히 속아 살았구나, 세상은 너무나 넓구나'라는 걸 알게 됐죠."

이후 파리에 꼭 살아보고 싶다는 생각이 들었다는 그는 검사 국비 유학지로 프랑스를 낙점하고 차근차근 준비를 한다. 인터넷 같은 게 제대로 안 되어 있던 1995년 무렵, 남들 다하는 골프 같은 것도 안 하면서 그는 2백만~3백만원을 들여 위성안테나를 설치하고 프랑스 방송을 시청하며 프랑스어 공부를 시작했다. 이런 그의 의지는 향후 1년 간의 프랑스 유학과 2년 간의 주프랑스대사관 법무협력관 경력의 든든한 뒷배가 된다. (그는 검찰의 효시가 프랑스부터라고 귀띔했는데, 그가 검사 생활 내내 검사의 사회적 역할과 존재론 등을 깊이 파고들었던 걸 생각하면 신묘한 인연이라 할 것이다.)

그에게 프랑스 대사관에서 법무협력관으로 일하던 시절 이야길 들려달라고 했다.

"외교부에 파견 가는 형식으로 근무를 했는데 파리 프랑스 대사관에서 일도 했지만 또 OECD 뇌물방지회의 반부패회의의 정부 대표를 2년 동안 담당하기도 했어요. 그러다 보니까 세계의 질서나 체제가 만들어지는 OECD 회의를 어깨 너머로 지켜볼 수 있는 기회를 가졌죠. 상대적으로 한국의 상황, 현재와 미래를 좀더 객관적으로 살필 수 있는 시선을 갖게 된 거죠. 프랑스 제도를 통해서 한국의 사법 제도를 보니까 우리나라가 무엇이 잘못됐는지도 더 잘 볼 수 있었던 것 같아요."

문재인 정부 초기 검찰개혁위원회 위원으로도 활약한 김 변호사는 우리나라 법률가 중 손에 꼽을 수 있는 검찰개혁 전문가다. 검사로 일하면서, 그리고 프랑스에 나가 있으면서 검찰 제도의 본질적인 존재 이유와 한계 등을 누구보다도 깊이 천착했기 때문이다. 그는 DJ(김대중) 정부 마지막 법무부 수장이었던 김종구 장관 등과 함께 <검찰제도론>의 공저자로 이름을 올려 '프랑스 검찰제도' 파트를 썼는데, 법무협력관으로 파리에 주재할 때 사가지고 들어온 프랑스 원서들이 중요한 레퍼런스가 됐다고 했다. 이밖에도 그는 <법치는 어떻게 붕괴하는가>라는 단행본을 2022년 펴냈고, 그 전에 사비로 <검사의 책임과 사명> <검찰개혁의 길 형사사법의 미래>라는 두 권의 책을 묶어 법조인들과 공유하기도 했다. 그에게 단도직입적으로 물었다. 한국 검찰의 가장 고질적인 문제는 어디에서 연유한다고 보는지를.

"가장 고질적인 문제라면 검찰이 정체성을 제대로 찾지 못한 거라고 생각합니다. 검찰의 정체성에 대한 인식 부재를 제일 큰 원인으로 보는 거죠. 검찰이 존재하는 근거는 검찰 조직법에 다 있어요. 그런데, 우리나라는 이론과 실제 사이에 굉장한 괴리가 있습니다. 도대체 검찰은 무얼 하는 기관인가, 어떻게 해야 바람직한 검찰인가에 대한 치열한 고민이 없었기 때문에 결국 계속 흔들려온 거라고 생각해요. 제가 책을 쓰면서 검찰 제도를 깊이 들여다보는 동안, 검찰은 직접적인 1차 수사기관이 아니라 수사 과정에서 발생할 수 있는 인권 침해 등의 여러 문제를 지휘하고 이를 사법적으로 통제하는 기관이라는 걸 알게 됐어요. 이게 검찰의 탄생 배경이고 정체성인데 한국은 수사만 너무 부각이 되면서 마치 검찰이 수사기관인 것처럼 각인된 거예요. 검사의 수사는 정말 예민한 것이어서 늘 절제하는 마음이 있어야 해요. 수사 대상의 선택이나 수사 방법, 그리고 언제까지 할 건가 이런 걸 굉장히 복합적으로 생각해야 하는데, 아무런 준칙이나 철학 없이 하다 보니 수사권 남용이라는 문제가 나오게 된 거죠. 제가 검경 수사권 조정에 대해서도 강력하게 반대했던 이유는 뭐냐 하면 검찰의 통제를 받지 않는 경찰이 과거의 검찰처럼 돼 버리면 경찰도 그 누구도 통제할 수 없는 무소불위의 수사권을 행사할 수 있는 위험성이 있기 때문이었어요."

영민하고 정직했던 검사 김종민은 검사장 승진을 하지 못한 채 옷을 벗는다. 개인적으로 회한이 있을 법도 한데, 그는 원망할 대상을 찾기보다는 자신이 검사로서 일하는 동안 입은 혜택 등을 술회하며 공복으로서의 기품을 지키는 한편 일말의 아쉬움을 피력하기도 했다.

"저는 사실 일해보고 싶은 부서에 발령을 받은 기억이 없는데요. 2013년에 좌천 인사를 당했어요. 차장 검사를 하다가 갑자기 부장검사로 강등되어 부산시 파견 검사로 발령이 난 거죠. 시간이 많이 남고 해서 프랑스 책들을 다시 제대로 읽으면서 검찰 제도를 공부하고 정리를 할 수 있었죠. 그러다가 2014년 2월에 법무연수원 연구위원으로 발령 났어요. 검사 경력이 거의 끝나가고 있다고 느꼈고 무언가를 남기고 나가는 게 도리이겠다 싶어서 검사의 책임이나 자세 같은 걸 정립해보자고 마음먹었어요. 그래서 <검사의 책임과 사명>이라는 제목의 책을 묶었죠. 지금 법무연수원에서 교재로 쓰이고 있을 거예요. 저는 검사장 승진과 상관없이 나름대로 국가에서 혜택도 많이 받고 프랑스도 다녀오고 쓰고 싶은 책도 썼기 때문에 미련 없이 제가 관심을 가진 검찰 제도 및 개혁 분야의 전문성을 살릴 수 있는 보증만 있으면 계속 근무하려고 했어요. 그런데 그런 기회가 주어지지 않더라구요."

앞에서 상술한 것처럼 그는 한국 사회의 민감한 사안에 대해 발언하기를 주저하지 않는다. 자신이 일생 동안 배우고 감각하면서 세운 철학과 상식을 매섭게 벼려내며 진영과 정파를 막론하고 비판할 것은 비판해왔다. 지성인의 태도라 할 것이다. 연초엔 양승태 대법원장 사법농단 사건이 무죄로 결정되자 당시 서울중앙지검장으로 수사를 지휘했던 윤석열 대통령의 사과와 한동훈 당시 비대위원장의 퇴진을 공개적으로 요구하기도 했다. 그런데 한 가지 의문이 있다. 현직 변호사로 자신의 정치적 견해와 퍼스낼러티를 이렇게 '커밍아웃'할 경우 불이익이 생길 것은 자명한 이치인데, 신경이 쓰이지는 않는지. 그러자 지사다운 대답이 돌아왔다.

"당연히 그런 생각이 들고 양쪽 모두로부터 배척될 수 있다는 불안도 있죠. 그런데 제 캐치프레이즈 같은 게 '인생은 짧다 시시하게 굴지 마라'거든요. 김종필 증언록에서 본 문장이죠. 결국, 나의 존재 이유라는 게 뭘까라는 질문에 귀결되는 건데요. 어떤 필요에 의해 잠시 침묵하면 무언가 떡고물 같은 게 떨어지겠지 하는 기대를 걸고 사는 게 존재 이유일 순 없지 않겠어요? 제가 어떤 발언을 함으로써 당장 의뢰인이 안 올 수도 있고 사건 수임을 하더라도 법원이나 검찰에 갔을 때 생각이 다른 검사나 판사한테 배당이 됐을 때 불이익도 올 수도 있고 또 혼자만 잘났냐 뭐 이런 말도 들을 수 있지만 그래도 누군가 해야 할 이야기는 하면서 사는 게 존재의 당위가 되어야 한다는 생각이 들었어요."

그의 이야기에 귀를 기울이는 사이 언제 지났는지도 모를 만큼 시간이 빠르게 흘러가고 있었다. 끝으로 윤석열 정부에 쓴소리를 해달라고 했다.

"보수 정부의 제일 중요한 가치가 법과 질서의 확립입니다. 이건 전 세계 어디나 다 마찬가지예요. 검찰 출신 윤 대통령이 가장 잘할 수 있는 것 역시 법과 질서의 확립, 법치주의를 공고히 하는 거예요. 지금 집권 2년을 지나고 있는 마당에 그런 역할을 충실히 하고 있는가에 대해서는 좀 의문이 있어요. 그래서 제가 앞으로 그 부분에 대해서 계속 발언을 할 생각을 하고 있습니다."

만남을 고대했던 이와 대화를 마치면서 기대가 충족되었을 때의 안

도감은 겪어본 사람만이 안다. 김종민 변호사는, 이런 말을 하면 필시 손사래를 치며 쑥스러워할 테지만 자신을 다그치며 쌓아온 지성에 더해 지사적 열정과 국외자의 균형감각을 가진 보기 드문 법률가임을 확인하는 인터뷰였다. 어디든지 내부자들이 득시글거리면서 이익의 동맹이 되어 잇속을 챙기고 비리에 입을 다물며 공동체의 품위를 훼손하는 일이 얼마나 많은가. 졸렬하고 부박한 재주를 뽐내는 재인(才人)들이 넘치는 세상이다. 이런 세상 물정을 생각하면 여기 국외자의 고독하고 드문 시선을 가지고 불이익을 견디면서 공적 지식인의 역할을 감당하고 있는 변호사가 있다는 것은 얼마나 든든한 위안인가. 개인적인 바람이 있다면, 나는 그가 사무실에 갇혀 글을 쓰는 것도 좋지만 선지식이 주유하듯 1년 365일 그를 필요로 하는 곳에 불려 다니면서 '강(講)'을 펼쳤으면 좋겠다.

(김종민 변호사는 2025년 7월 9일 국회 법사위 검찰개혁 공청회에 참석해 이재명 정부의 검찰개혁 방안의 문제점을 피력하고 반대의견을 펼쳤다.)

「법률신문 2024년 6월 6일자 게재」

정년 퇴임이 아닌 자유로운 청춘으로 입소하는 '법조계 IT 전문가'

강민구

서울고법 부장판사(현 법무법인 도울 변호사)

정년 퇴임에 즈음한 인터뷰라는 걸 인지한 후 어떤 선입견이 개입했는지는 몰라도 서울고등법원 로비에서 강민구 판사(66·사법연수원 14기)를 처음 대면했을 때, 외양이 풍기는 풋풋한 이미지에 적잖게 놀랐음을 고백해야겠다. 180cm 가까운 키에 군살이라곤 없는 꼿꼿한 체형, 그리고 주름살 없는 얼굴이 반백의 머리칼만 아니었더라면 장정을 연상시켰는데, 그 이미지는 그의 언술이 시작되면서 더욱 뚜렷해졌다.

서울 용산고와 서울대 법대를 졸업한 **강민구 전 서울고법 부장판사**는 1982년 제24회 사법시험에 합격해 1988년 서울지법 의정부지원에서 처음 법복을 입었다. 서울지법 동부지원 판사, 서울고법 판사, 법원도서관 조사심의관, 대구지법 부장판사, 대전고법 부장판사, 창원지법원장, 부산지법원장, 법원도서관장 등을 지낸 그는 법조계 최고의 'IT 전문가'로 꼽힌다. 1997~1998년 법원도서관 조사심의관으로 근무하면서 종합법률정보 구축 작업을 총괄 지휘해 법률 데이터베이스 확립에 기여했으며, 2000년대 초반부터 전자소송 및 전자법정 도입을 주창해 2011년부터 시행된 전자소송 제도의 초석을 다졌다는 평가를 받고 있다.

마땅히 퇴임에 따른 차분한 만연체의 회고나 소회가 나오겠거니 했으나 그의 스피치는 막 강단에 선 젊은 교수처럼 거침이 없었고 열정과 의욕이 넘쳤다. 살짝 경상도 억양이 섞인 강직한 말투에선 꼿꼿한 선비 같은 아우라가 느껴졌다. 먼저 나고 자란 출신지와 성장 배경 등을 물었다.

"경북 구미 선산의 자그마한 동네에서 농민의 아들로 태어났습니다. 2녀 4남 중 넷째로 태어났고, 6세 때 아버지를 잃었어요. 당시 서른일곱밖에 안 된 어머님이 6남매를 떠안았지요. 청천벽력 같은 상황에서 할아버지 할머니 어머니의 한없는 내리사랑으로, 그리고 누나들의 지원으로 그런대로 박탈감 없이 자란 것 같습니다. 고향에서 중학교를 졸업하고 시험 세대 마지막으로 용산고등학교에 유학을 가서 서울대 법대에 들어갈 수 있었는데, 원래 중학생 때의 희망은 로켓 개발자였어요. 그런데 고2 때 어떤 연유인지는 잘 기억이 안 나지만, MBC 장학퀴즈 출연 이후 막연히 법관이 하고 싶다는 생각이 들었고, 그래서 서울대 법대에 갔습니다. 참척지통을 당한 조부모와 지아비를 잃은 어머니의 한이 자식 손주에 대한 밥상머리 교육에 집중되었습니다. 제가 어릴 적에 할머니가 구전동화를 밤마다 들려주던 기억이 아직도 생생합니다. 그 동화가 수백 가지인데, 제 생각엔 할머니는 천재가 아니셨던가 하는 생각이 들어요. 저희 집은 본가에 찾아오는 보부상이나 상이군인 등을 항상 따뜻하게 먹이고 잠자리를 내어 주던 동네에서 거의 유일한 집안이었고, 그러한 적선지가(積善之家)의 가풍에서 타인을 돕고 살아야 한다는 게 어려서부터 마음에 아주 자연스러운 습성으로 어깨 너머로 인식하고 배우게 되었습니다."

아버지를 불과 여섯 살에 여의었다는 고백에 적잖게 놀랐다. 그도 그럴 것이 그의 당당한 말투, 기개까지 느껴지는 풍모에서 그런 상처는 조금도 상상할 수 없었기 때문이다. 그는 1982년 만 24세의 나이에 사법시험에 합격하고 육사 교수를 거쳐 1988년 서울지법 의정부 지원에서 법관 생활을 시작한다. 그리고 36년 동안 한국 사법무의 현상을 시켰나. 그에게 초임 법관 시절과 36년이 지난 지금 한국 법원의 가장 큰 질적 차이를 뭐라고 보는지 물었다.

"초임 법관 시절 법관의 수도 1천 명 이하였던 것으로 기억하고, 변호사 숫자도 3천 명 안쪽이었던 것으로 기억해요. 그때는 법조인이라 하면 우리 사회 구성원들이 존중하고 승복하는 분위기가 있었지만 지금은 법관이 3천 명이 넘고 변호사는 3만 명이 넘습니다. 그리고 인터넷과 유튜브가 발전하여 정치·사회적 이슈와 정보가 실시간으로 전달되고 있어요. 사회 전체가 이념과 진영에 따라 양분되었는데, 그와 같은 분열된 사회의 여론 압력이 그대로 여과 없이 법원으로 닥쳐 들어오고 있죠. 저는 예전부터 젊은 법관과 중견 법관들이 마음잡고 제대로 근무하도록 하려면 고용주인 국민 입장에서 법관에게 제대로 된 처우를 해줘야 한다고 주장해 왔어요. 세계은행에서 2020년까지 조사하던 계약이행 강제력 지수에 보면 한국 법원은 1등 또는 2등으로 늘 탑 3위 안에 들었습니다. 국민의 일반적인 신뢰 지수는 지금 많이 낮아져 있는데, 저는 차차 향상될 거로 생각합니다."

그는 평생을 법관으로 지냈지만, 법원에서 누구보다도 빨리 정보화

시대의 도래를 예견하고 인터넷, IT 관련 소프트웨어와 디바이스 등 인프라를 자신의 업무와 일상에 도입하고 주변에도 전파한 혁신적인 메신저 역할을 수행했다. 인터뷰 중에도 그는 수시로 자신의 스마트폰을 터치하면서 유효한 자료들을 불러냈는데, 깔려 있는 어플리케이션이 화면을 가득 채우고 있었다. 'IT 전도사'라는 그의 별명이 법원 안팎에 널리 알려지면서 그가 재직 중 1만 200건이 넘는 재판을 처리한 정통 법관이라는 사실이 상대적으로 묻혀버리는 웃을 수만은 없는 일이 있기도 했다.

초임 판사 때가 6공화국 노태우 정부 시절이었으니까 그는 8명의 대통령을 겪은 셈이다. 정치적 질곡 속에서 민주주의가 성숙해지고 그 과정에서 성장통도 있었고 사회 각계각층의 다양성이 표출되면서 사법부도 조금씩 변화의 요구에 직면하기도 했는데, 그가 피부로 체감한 것은 어떤 것들이었을까.

"초임 법관 시절 정치적 시위를 포함해 시국 사건을 처리하면서 저는 법관으로서 중심을 잃었던 적은 한 번도 없었다고 자부해요. 당시 일부 법원이 정치 권력의 억압적 분위기에 순응한 부분도 전혀 없었다고는 할 수 없지만 그래도 상당수 법관이 지조를 지켰던 것으로 기억하고 있습니다. 요사이는 그와 같은 권력의 억압보다도 스스로 자기가 한쪽으로 편향되게 처리하는 것이 문제에요. 법관이 기대야할 동아줄은 '이념과 진영, 편향된 국민 정서법, 여론'이 아니라 '헌법과 법률, 확립된 선례, 판례

그리고 독단이 아닌 공평한 사회적 정의감, 개인적 양심이 아닌 법관으로서 보편적 직업적 양심'이어야 해요. 1개 법관이 아니라 1국 법관의 마음으로 일하면 내외부의 보이지 않는 압력에 맞서 자신도 지키고 법원도 지킬 수 있다고 저는 후배 법관들에게 다시 한번 강조하고 싶어요."

법원도 상당히 큰 공조직이고 사법부라는 생태계 안에서도 직급에 따른 위계 및 서열이 존재한다. 사람은 누구나 보다 더 큰 권한을 가진 자리를 원하는 게 인지상정인데, 강민구 판사도 대법원이나 헌법재판소로의 영전을 기대한 적은 없었는지 조심스레 물었다. 특유의 솔직담백한 답이 돌아왔다.

"이제야 솔직히 말씀드리면 2013년 봄 헌법재판소 사무처장 직위에 대한 제안이 있었지만 사양했고, 부산지법원장 시절 우병우 수석으로부터 국가권익위원회 위원장 검증 동의에 대해서 의견제출을 요구받았지만 그것도 사양했어요. 두 번이나 장관급 제안을 거절한 거죠. 물론 대법관이나 헌법재판관 등 최종 3인 후보에도 오르고 하는 그런 일도 있었지만 스스로 인사 절차를 부동의하기도 했습니다. 상위 보직에 대한 희망이 없었던 건 아니지만, 저의 부족함이라고 스스로 받아들였어요. 36년간 대과 없이 이처럼 고등법원 부장판사로서 법관직을 마무리한 것은 저의 큰 복이라고 여기고 있고요. 저같이 입바른 소리를 하면서도 이 자리까지 유지할 수 있었던 것을 보면 그래도 법원 인사가 어느 정도 공평

했다는 것을 알 수가 있어요. 향후 정치적인 자리에 제의가 오면 단연코 거부할 것이고, 혹여 제가 필요하다며 다른 공직에 대한 요청이 들어오면 그것은 아내와 잘 상의해서 결정할 생각이에요."

개인적인 생각이지만 나는 법률가들이 고급하고 전문적인 직군 종사자 이전에 우리 사회의 지식인이고 사회지도층 자원이라고 생각한다. 지금 우리 사회는 유례없는 양극화 문제, 인구절벽 문제, 경제적 유동성 문제, 비정규직 문제, 부동산 문제 등으로 속앓이를 하고 있다. 고위 법관을 지낸 강민구 판사 역시 이런 문제들을 바라보는 시선이 편치만은 않을 거라고 생각돼 의견을 물었다.

"이념과 진영에 따른 적대와 혐오가 넘치고 수많은 갈등이 내재되어 있는 우리 사회에서 퇴직 법관이 오로지 자신과 자기 가족의 안위를 위해서 변호사로서 활동만 하는 것보다 사회 헌신과 봉사에 좀 더 참여하는 것이 중요하다고 저는 예전부터 생각해 왔어요. 저도 법률가이기 때문에 법조인 고유의 변호사 업무를 안 할 수는 없겠지만, 사회 헌신의 책무도 잊지 않으려고 해요. 우선 '디지털 상록수'로서 '디지털·AI 연구소' 같은 것을 만들어서 우리 사회의 디지털·AI 디바이드(정보격차)를 해소하는 데 힘을 다할 생각이에요."

강 판사에게 마지막으로 평생을 바친 법원을 떠나면서 던져주고 싶은 고언이 없는지 물었다.

“성과와 보상 체계가 무너졌는데, 그걸 다시 시급하게 확립해야 해요. 지난 6년 동안 그것이 다 무너지고 공허하고 이상적인 평등주의가 들어왔죠. 보직을 인기투표로 뽑는 식인 거예요. 그러면 사법행정권이 확립되지 않아요. 그냥 일주일에 세 건만 처리하면 된다 이런 의식이 팽배하게 되죠. 완전히 획일적 평등식으로 법원을 만들어버린 거예요. 정말 있어서는 안 되는 일이에요.”

자신의 인간적 장점을 꼽아달라는 요구에 그는 타인을 위한 ‘적선지가’ 행동이 몸에 배어 있다는 것과 함께 DNA 속에 내재된 호기심과 탐구심, 앎에의 열정이 충만하다는 점을 꼽았다. 그는 정교한 논리와 비유를 갖춘 스피치를 빠르게 이어가는 와중에도 줄곧 인터뷰어 앞에 놓인 찻잔을 살피면서 비워지기만 하면 손수 우린 찻물을 채워주는 섬세함도 보여주었다.

또 단점을 꼽기도 했는데, 성질이 급한 편이고 법관임에도 입바른 소리를 앞뒤 고려 없이 사회에 공표해 온 것을 반성했다고 했다.

“그래도 제가 사회적인 정의감을 외면할 수 없어서 밤샘수사와 포토라인 적폐를 없애는 주장을 했고, 코로나 시즌 시 1년 6개월 간 11,000쪽의 외신 코로나 정보 기사를 무상으로 엄선, 번역·정리해서 사회에 제공하기도 했어요. 또 선후배 법관을 위해 여섯 권의 전자책을 편집했고, 36년 동안의 활동을 법조 실록처럼 정리해서 창원·부산 법원장 시절에 정리했던 세 권과 합쳐 모두 12권 9,455쪽을 무상으로 남기기도 했어요."

그의 이런 괴물과도 같은 왕성한 생산물 때문에 혹자들은 뒤에서 그를 보조하는 비서나 스태프가 있을 거라는 오해를 하기도 했단다. 65세에 이른 분을 두고 결례가 되는 표현인지는 모르겠으나 그에게선 비상한 두뇌를 가진 천재들에게서 공통적으로 발견되는 조증 같은 것이 느껴졌다. 그의 머릿속에서는 생각이 곧 체제가 되고 시스템이 되어 자동적으로 시연되는 듯한 느낌이랄까. 그의 집무실에는 법원이 제공하는 컴퓨터 외에도 그가 사비를 들여 세팅했다는 컴퓨터 모니터들이 즐비했는데, 법관 공용 사무실이라기보다는 디지털 노마드의 연구실 같은 느낌을 주었다.

앞에 서 있는 자, 없던 길을 내는 자, 보지 못하는 걸 보아버린 자는 필연적으로 고독할 수밖에 없다. 언뜻언뜻 언술이 비는 사이 그의 눈동자에서 그런 고독의 그림자가 드리웠다. 그는 고독 앞에서 타자를 원망하기보다는 자신을 찾기 위해 산을 자주 오르며 매일매일 글을 썼다고 했다. 그리고 그걸 송백일기라는 책으로 묶기도 했다.

사무엘 울만은 "청춘이란 삶의 한 시기가 아니라 마음가짐을 뜻하나니, 장밋빛 뺨, 붉은 입술, 유연한 무릎이 아니라 늠름한 의지, 빼어난 상상력, 불타는 정열, 삶의 깊은 데서 솟아나는 샘물의 신선함"이라고 노래했다. 사무엘 울만의 말이 맞다면 강민구 판사는 완전한 청춘이다. 그는 이제 퇴임이 아니라 자유로운 청춘으로 입소한다.

「법률신문 2024년 1월 25일자 게재」

"법원에 보직을 인기투표로 뽑는 공허한 평등주의 만연 안타까워"
후배 법관에 "1개 법관이 아니라 1국 법관의 마음으로 일하라" 고언
"36년간 대과 없이 고등법원 부장판사로 법관직 마무리하는 건 큰 복"

정치권력, 언론, 검찰의 담합이 만들어낸 아이코닉한 희생자

이동재

전 채널A 기자

2020년 1월 말의 어느 날. 그러니까 문재인 정부가 얼추 3년을 꽉 채워가던 시기, 한국 사회는 '조국 사태'로 전 국민이 양분되다시피 해 연일 갈등과 혐오의 서사가 쌓여가고 있었다. 그런 와중에 총선은 두 달 앞으로 다가와 있었고, 정치권에 사생결단의 긴장이 팽팽하던 그때 종편채널 법조팀의 검찰반장으로 있던 한 기자는 해외연수를 앞두고 있었다. 그는 연수를 가기에 앞서 기자층이 엷은 회사에 나름대로 힘을 실어주는 기사를 쓰고 싶은 마음이었는데, 그때 한국일보에 난 토막기사 하나가 눈에 들어온다. 신라젠이라는 제약회사의 대주주였던

이동재 기자는 2014년에 저널리즘계에 뛰어들었다.
사회부 사건팀(강남라인) 기자를 거쳐 사회부 법조팀에서 활약하며,
'조국 일가 비리 사건' 당시 '조민 KIST 허위 인턴' 단독 보도와 '웅동중학교 채용 비리' 등
20여 개가 넘는 사건을 단독 보도했다. 또한 '울산시장 선거 공작 사건' 등
수백 개의 단독 · 특종 기사를 남겼다. 정치부 기자로 국회를 취재한 뒤
사회부 법조팀으로 복귀해 현장 총책임자인 검찰반장으로 일했다.
해외 연수를 앞두고 수조 원대 권력형 비리 의혹 사건인 '신라젠 주가 조작'을 취재하다
202일간 옥고를 치렀다. 문재인 정부시절 검찰과의 3년에 걸친 재판 끝에
2023년 1월 말, 무죄를 확정받았다.

VIK의 투자사기 사건을 다룬 기사가 그것이다. 기자는 그 사건에 유시민이라는 정치 거물이 연루됐다는 '의혹'을 접하고 분연히 취재에 나서기로 한다. 그가 '검언유착' 사건의 늪에 빠지게 되는 순간이다. 채널A 이동재 기자(38) 이야기다.

그는 말끔한 수트에 넥타이까지 맨 성장(盛裝) 차림으로 인터뷰 장소에 나타났다. 인터넷에 올라와 있는 그에 대한 자료 사진을 봐도 그는 항상 정장 차림이었다. 훤칠한 키에 건장한 체구였으나 말과 행동은 신중하고 조신했다. (인터뷰가 끝날 즈음 어렴풋한 각성이 왔다. 이동재 기자가 수트 차림의 성장을 고집하는 이유가 어디에 있는지를. 사실을 넘어 진실을 좇던 민완기자 시절, 자신이 품었던 이상, 그리고 복원되어야 할 정체성에 대한 자부심과 결기를 그 입성에 담았다는 것을.)

이동재 기자는 서울의 지극히 평범한 집안에서 태어났다고 밝혔다. 그 밖의 개인적인 서사나 성장배경, 그리고 현재의 생활에 대해서는 말을 아꼈는데, 그런 태도에서 짚이는 바가 있었다. 자신이 지난 3년 동안 겪었던 일이 하나의 서사구조를 갖춘 이야기라면 이 이야기의 주인공은 인물(본인)이 아니라 사건 자체여야 한다는 걸 그는 말하고 싶었던 것이라고.

그는 영화와 음악과 친구를 좋아하는 평범한 대학생활을 마치고 뒤늦게 공군 장교로 군에 입대해 40개월 만기를 채우고 전역을 한 후 곧바로 채널A에 입사했다고 한다. 다른 직업도 크게 다르지는 않겠지만 언론인을 직업으로 택할 때는 그래도 좀 특별한 각오와 내면에서의 동기부여가 있어야 하지 않을까. 어땠는지 물었다.

"전역을 준비하면서 취업 원서를 여러 개 썼는데, 대기업과 정유회사 등에 복수로 붙었어요. 채널A에서도 연락을 받았구요. 제가 군대 있을 때 브리핑 같은 걸 많이 했는데, 목소리가 좋다고 기자 같은 걸 해보라고 주변에서 얘길 하더라구요. 최초의 종군기자로 알려진 에드워드 머로의 일대기를 다룬 영화를 본 적이 있는데, 언론인도 사회적으로 의미 있는 직업이라는 생각을 하게 되었어요. 한 번 살다 가는 건데 세상을 바꾸는 데 힘을 보탤 수 있는 직업을 가지면 좋겠다는 생각도 있었구요. 그래서 채널A를 택했죠. 치열하게 준비했다고는 말할 수 없지요."

그런데 그가 택한 언론사는 이미 정파적으로 갈린 한국언론의 지형에서 보수언론으로 분류되는 곳이다. 결국 그것이 그가 좌파 정부 시절 '검언유착' 사건의 타게팅이 되는 데에도 영향을 미쳤을지 모른다. '한경오'(한겨레·경향·오마이뉴스) 같은 진보 계열 언론이 아니고 보수언론을 택했던 이유가 있었을까. 그러자 우문을 꾸짖는 듯한 답이 돌아왔다.

"저는 처음부터 보수 진보 딱히 신경쓰지 않고 살았어요. 대부분의 언론 지망생들이 그런 거 고려하지 않는다고 생각해요. 저는 제가 어딜 가도 팩트에 기반해서 좋은 기사를 쓰면 된다고 생각했어요. 스스로가 정파적 경향성이 강하지 않아요. 제가 쓴 포트폴리오를 보면 아시겠지만 저는 진영 같은 것에 구애받지 않고 소위 '정의를 구현'하는 데만 마음이 있었어요. 몇 년 사이 언론이 극단적으로 갈린 게 사실인데 제 사건에서 MBC가 몰카를 찍고 KBS도 허위보도를 하는 걸 직접 겪으면서 언론이 어쩌다 이렇게까지 되었는지 정말 충격을 받았어요. 언론이 어떻게 1조 원대 사기를 친 쪽 편에 설 수 있는지, 모든 기사는 팩트체크하고 게이트키핑을 해야 하는데 그런 게 전혀 없더라구요. 지금 한국 언론 지형이 이렇게 정파적으로 갈린 데는 두 지상파 공영방송 책임이 크다고 생각해요."

현직 기자 신분이었기 때문에 언론의 정파적 편향성과 불공정 등 비윤리적 보도 행태를 접하면서, 그리고 그 후과로 자신이 기소되면서 이동재 기자가 체감한 충격과 공포는 틀림없이 범인들이 상상하는 차원을 훌쩍 뛰어넘었을 것이다. 실제로 그는 검찰 조사 아홉 번, 포렌식과 면담 등 포함해서 16회 조사를 받았고 자택 압수수색을 두 번 당했다. 수사관들은 화장실 천장을 뜯기도 하고 냉동실의 소고기를 자르기도 했단다. 계좌가 있던 국민은행에서도 우편물을 받았는데, 뜯어보니 검찰이 이 기자 명의의 대여금고가 있는지도 조사했다는 내용이 적혀 있었다고. 하지만 그의 어조는 이런 일을 당한 사람이라고는 상상할 수 없을 정도로 단정하고 정갈해서 감정이 숫제 흩날리지 않았다.

그는 최근 이 나라 지상파 언론과 정치 편향 검찰, 그리고 정당이 공모해 자신을 검언유착의 타락한 당사자로 몰았던 사건의 전모를 다룬 책 〈죄와 벌〉을 펴냈다. 그는 기소될 때의 죄목은 강요미수죄였는데, 이 죄목으로 구속된 전례가 없다고 했다. 하지만 그는 구속되었고 합리적 이유 없이 보석도 계속 지연되면서 물경 202일이나 구치소에 감금되어 있었다. 구속실질심사를 받으러 가는 아침에 부모님께 "다녀올게요"라고 인사를 하고 나가서는 세 계절을 넘기고 귀가한 셈이다. 그런데 책의 어느 갈피에서도 비분강개나 분기탱천의 격정이 없다. 사실에 대한 객관적인 설명과 논리적이고 진중한 의견 개진만 보일 뿐.

"사실대로 말하면 인간으로서 감당하기 어려운 스트레스를 받았어요. 그래서 구치소에서 매일 제가 겪은 이야길 썼어요. 까먹기 전에 잊지 않기 위해서, 그리고 제가 이곳을 나갔을 때 사람들에게 알리기 위해서요. 가장 중요한 이유는 다시는 제가 겪은 일을 다른 사람들은 겪지 않게 하고 싶었어요. 구속 상태에서 계속 재판이 진행됐으니까 노트에 그날그날 있었던 일과 구속 전에 있었던 일 등을 기억력이 살아 있을 때 육필수기로 노트에 쓴 거죠. 저는 제 사건이 한국 사회, 정치, 검찰, 언론, 법원까지가 어떻게 유기적으로 돌아가는지가 응축된 사례라고 생각했거든요. 그 안에서 많은 걸 배웠고 또 종교적으로 묵상도 하면서 감정을 추스른 것 같아요."

자신은 결코 원하지 않았겠지만 그는 한 사회의 권력층이 악의를 가지고 담합했을 때 언제고 만들어질 수 있는 무고한 희생양의 아이코닉한 존재가 되었다. 아이코닉한 존재라는 건 곧 사회구성원을 향해 발언할 자격이 있고 권리와 의무가 있다는 말이다. 예컨대, 같은 이슈에 대해 다른 사람이 하는 것과 이동재 기자가 하는 말의 무게감과 파급력은 다를 수밖에 없을 것이다. 신라젠 주가조작 사건을 파고든 내막과 책에 쓰지 않은 내용에 대한 부연 설명을 요구했다.

"제가 주가조작 의혹 기사를 본 건 1월 말인데 2월 초 대검에서 수사팀을 보강한다고 입장문을 뿌렸어요. 지금도 검색해보면 유시민 연루 의혹을 다룬 기사가 2020년 3월 MBC 보도 이전까지 90개에서 100개 정도 나와요. 기자로서 당연히 놓칠 수 없는 사건 같아서 취재를 시작한 거예요. VIK 행사에 가서 전직 장관이 60만 원 받았다고 나오는데, 개그맨도 웬만한 행사에 가면 200만 원 정도 받아요. 유시민 씨뿐만 아니라 문재인 정부 인사 여러 명이 그 행사에 갔어요. 그런데 가짜 뉴스를 유포하면서 저를 보고 괴물의 모습이라고 표현하더라구요. 저는 이번에 나온 책에 유시민 씨에 대해 허위사실 하나도 없이 팩트만 썼거든요. 자신에 대한 내용 중 허위사실이 있으면 고소를 하라고 말하고 싶어요."

이동재 기자는 현재 대통령실 법률비서관으로 가 있는 주진우 변호사, 김정훈 변호사, 김단비 변호사, 최장호 변호사 등의 열정적인 지원과 한 번도 당당함을 잃지 않은 피의자 진술 등을 통해 1, 2심 무죄 판결을 받고 그것이 그대로 확정되며 '검언유착'이 사악한 세력이 만들어낸 허구였음을 세상에 증명해낸다. 그런데, 안타깝게도 조작된 사건이 MBC에 의해 보도되고 검찰 조사가 시작되면서 그는 채널A로부터 해고를 당한다. 당연히 이동재 기자 측은 해임 무효소송을 시작했는데, 현재 2심까지는 그가 바라는 결과가 나오지 않고 있다. 왜 채널A는 형사상 무죄가 확정된 자사의 실력 있는 구성원을 받아들이지 않고 있는 걸까. 아니 애초 '기소거리'도 아니었을 사건이 터졌을 때 서둘러 해고했던 것일까. 그는 이에 대해서도 조심스레 입을 열었는데, 그것은 이미 많은 법조인과 언론인들이 짐작한 이유와 다를 게 없는, 지극히 합리적인, 그래서 예측가능한 내용이었다.

"당시 채널A를 포함한 종편들은 방통위의 재승인을 앞두고 있었어요. 방통위원장부터 심사위원들까지 민언련 소속이 많이 가 있었고 그래서 재승인 절차가 순조롭지 않았죠. 회사 입장에서 재승인은 사활이 걸린 일이잖아요. 아마 재승인과 관련해서 무언가가 있었다는 생각이 들어요."

실제로 뉴스를 검색해보면 MBC의 허위보도가 있기 불과 며칠 전인 2020년 3월 26일 방통위는 재승인 심사 결과를 발표하는데, 채널A는 총점에서 합격선을 넘기지만 정작 재승인은 TV조선과 함께 보류된다. 방통위는 그 이유로 "심사위원회의 심사 결과와 심사 의견 등을 종합적으로 검토한 결과, 방송의 공적 책임·공정성, 편성·보도의 독립성 강화 등을 위한 계획을 확인한 후 재승인 여부를 결정하기로 했다"고 밝힌 바 있다. 채널A가 재승인 결정을 받은 것은 그러고서 한 달여가 지난 4월

20일. 보류 결정과 재승인이 있었던 그 시간 동안 방통위 및 정치권 그리고 채널A 사이에 과연 무슨 일이 있었을까. 그건 어둠 속에서 손잡았던 자들만이 알 것이다.

"해고에 대해 말씀드리면 이런 현실이 정말 속상한데 어디에서도 채널A를 비판한 적이 없어요. 저와의 소송 관련해서 채널A 쪽 변호사가 MBC의 '검언유착' 기사에 붙은 악플까지 끌고 와 법정에서 읽더라구요. 그런데 그게 채널A 차원의 오더라고는 생각지 않아요. 지인들이 보내준 댓글 중에는 '이동재 기자는 유시민, 김어준과 싸우고 있는데 채널A는 왜 이동재 기자와 싸우고 있느냐'는 것도 있더라구요. 원만하게 해결되기를 바라고 있어요. 이 정도로밖에 말할 수 없는 저를 이해해주시면 좋겠습니다."

그 절제에서 의연함과 결기가 느껴진다. 내면이 강건하고 성숙하다는 방증일 테다. 그랬으니 이런 지옥 불 같은 사태를 견뎠을 테고. 참고로 말하면 채널A는 이 기자로부터 넘겨받아 보관 중이던 휴대전화를 그와 상의 없이 검찰에 제출했고 대법원은 이를 위법 압수수색이라고 판결했다.

이번엔 그에게 다소 불편할 수도 있는 질문을 던졌다. 그는 정치검찰이 권력을 남용하고 표적을 정한 불공정하고 비윤리적인 수사의 희생자다. 그런데 그와 똑같은 이야길 계속해오고 있는 이가 있다. 조국 장관이다. 검찰의 과잉 수사로 자신의 가족이 파괴됐다고 말이다. 이에 대해 그는 어떤 논평을 할 수 있을까.

"저는 일개 기자이고 조국은 법무장관으로 사법시스템을 관할하는 분인데 한 가지 비위가 아니고 일가족의 여러 비위가 종합적으로 일어난 거잖아요. 그 과오도 사회정의를 실행하다가 나온 것도 아니고 가족의 이익과 영달을 추구하다가 나온 것이고요. 제 경우는 VIK 투자사기 취재한다고 해서 10원 한 장 나오지 않아요. 그런데 3만 명의 피해자가 있고 1조 원의 손해가 발생한 사건이었어요. 우리나라 언론은 서민 피해에 대해서는 별 관심을 두지 않는데, 유명한 사람이나 위정자가 끼어 있으면 그제야 관심을 갖게 돼요. 실제로 취재가 들어가면서 VIP들이 연루되었다는 게 드러났고 그 과정에서 서민층 피해자들도 적게나마 보상을 받은 부분들이 있었어요. 조국 사례와 저의 사례는 다른 거죠. 제 취재는 여야나 진영과 관계 없는 거에요. 유시민이 인벌브됐다는 의혹이 핵심이었죠. 저는 진실을 캐고 싶었을 뿐이에요."

다시 한번 그가 정파가 없는 사람이라는 게 느껴진다. 사람 중에는 이 기자의 무죄 확정을 두고 정권이 바뀌었기 때문에 가능했냐고 함부로 말하는 이들이 있다. 분명히 짚건대 그는 문재인 정부 때 1심 무죄 판결을 받았고 그것이 2심을 거쳐 확정되었다. 무죄 확정 당시의 대법원장은 여전히 문재인 정부가 지명한 사람이었고. 보고 싶은 대로 보는 것이 진실이 아니라는 것을, 아니 오히려 그 경우 진실과 더 멀어진다는 것을 여전히 많은 이들이 모른다. 진실보다 보고 싶은 걸 볼 때의 쾌감이 더 크기 때문이리라. 그 쾌감이 진실의 무덤이란 것도 모르면서.

그에게 책 속의 문장이 훌륭하다고 덕담을 하니, 그가 구치소에 감금됐을 때의 이야길 들려준다. 매일 6시에 기상해 씻고 아침 먹고 라디오 듣다가 신문 보고 그런 지루한 일상 속에서 그는 매일 책을 읽고 글을 썼다는 것이다. 202일간의 구속 기간 동안 150권 정도를 독파했고 좋은 신문 칼럼이 있으면 따라서 써보기도 했다는 것. 자신의 문장력이 좋아졌다면 아마 그런 이유 때문일 거라는 것. 그의 말은 반쯤만 맞는데, 사실 자유를 잃고 감금된 수인(囚人)의 상태에서는 자신도 모르는 상상력과 감수성, 예지력이 발휘되는 경우가 많다. 일종의 자아의 빅뱅 같은 것이라고 할까. 그런데 그것도 기본기가 있는 이에게 해당하는 것인데, 아마 그에게도 그런 폭발이 있지 않았을까.

끝으로 이동재 기자에게 채널A로 돌아가고 싶은 이유를 물었다.

"저는 취재를 하던 사람이잖아요. 취재를 하고 싶을 뿐이에요. 더욱이 사건을 겪은 지난 3년 동안 저에게 많은 경험과 자료, 정보들이 축적되었어요. 채널A는 저의 첫 회사이고 열정을 바쳐 일했던 곳이에요. 그곳에서 만난 동료 선후배들과도 인간적인 정이 쌓여 있고 제가 사건 한복판에 있을 때 같이 힘써준 고마운 분들이에요. 그들이 있는 곳으로 돌아가고 싶어요."

그의 바람이 이루어지지 않거나 너무 늦게 이루어진다면 어떤 자들의 악의는 군불처럼 지펴져 또 다시 선한 이들을 희롱할 것이다.

「법률신문 2023년 10월 23일자 게재」

"
인간으로서 감당하기 어려운 스트레스를 받았어요.
그래서 구치소에서 매일 제가 겪은 이야길 썼어요.
까먹기 전에 잊지 않기 위해서,
그리고 제가 이곳을 나갔을 때 사람들에게 알리기 위해서요.
가장 중요한 이유는
다시는 제가 겪은 일을
다른 사람들은 겪지 않게 하고 싶었어요.
"

정치적 정의는 존재하지 않는 허구다, 법적 정의가 바로 서야

허 영

경희대 로스쿨 석좌교수

허영 교수(87)의 첫인상은 장고의 세월을 겪으면서 오히려 분진이 맑게 씻긴 대리석 본존불을 보는 것 같았다. 세수가 믿어지지 않을 만큼 반듯한 매무새에 딕션마저 뚜렷했고, 말의 논리는 그대로 받아 적으면 문장이 될 정도로 정연했다.

필자가 논현동의 작은 아파트 한 칸, 집 가까운 곳에 마련해둔 그의 연구실을 찾았을 때, 허 교수는 헌법을 일반 대중들에게 좀더 쉽게 설명하는 책을 쓰고 있었다. 조명은 다소 어두웠고 그의 깔끔한 성격을 반영한 듯 서가와 바닥은 먼지 하나 없이 반짝였다.

제54회 한국법률문화상을 수상한 **허영 석좌교수**는
1936년 충남 부여군에서 태어났다. 대전고와 경희대 법대를 졸업하고
1971년 독일 뮌헨대학에서 헌법학 박사학위를 취득했다.
1975년 독일 본 대학교 교수로 임용됐으며 1978년 독일 바이로이트대학교 교수를 거쳐
1982년부터 연세대 법대 교수로 재직했다. 1996년 한국공법학회장을 역임했으며,
헌법재판소 자문위원회 위원, 법무부 정책위원회 위원장 등으로 활동했다.
2011년 헌법재판소 초대 헌법재판연구원장에 임명됐다.
2013년 퇴임후 경희대 로스쿨에서 후학 양성과 연구를 계속하고 있다.

우리나라 헌법 연구의 최고 권위자 중 한 사람이라는 허영 교수는 충남 부여에서 태어나 초등학교 3학년 때 인근의 금산으로 이사해 초등학교를 마치고 대전에서 중고등학교를 수학했다고 한다. 그런데 대학 입시를 앞두고 당시로서는 위중한 병으로 알려진 폐결핵이 발생해 공부에 몰두하지 못했다고. 그럼에도 경희대 법대에 특대생으로 등록금과 학비

전액 면제를 받고 입학한다. 그러곤 대학 졸업 후 잠시 교단에 섰다가 1960년대 당시로서는 매우 드물게 독일 유학을 감행한다. 그런 담대한 도전정신과 기개는 어떻게 만들어진 걸까.

"부여군 내산면 금지리 산골에서 자랐는데, 어렸을 때 근처 무량사에 자주 놀러 갔어요. 그리고 뒷산에 금지사라는 절이 있었는데, 날씨 좋은 날 그 절에 올라가면 장항과 군산 제련소, 그리고 그 너머 바다가 보였어요. 그때 바다를 처음 본 거죠. 그게 매우 인상 깊었어요."

산골에서 태어난 영민했던 소년이 산정에서 보았던 바다, 그리고 고찰의 위엄과 정기 같은 것이 심상하지 않은 인사이트와 호연지기로 그의 영혼을 내습한 것 아닐까 추정해볼 수 있는 진술이다. 그가 법학에 관심을 갖게 된 계기와 독일 유학에 얽힌 사연도 당시의 시대상과 더불어 흥미롭다.

"고등학교 때 신익희 국회부의장, 정일형 박사 등의 강연을 인상 깊게 들었는데, 그 무렵 유진오 선생이 쓴 <헌법해의>라는 책을 우연히 사서 읽었어요. 아마 그게 동인이 되어서 정치와 법에 관심이 생긴 것 같아요. 아버지도 법학 공부를 권하셨죠. 그래서 특대생으로 대학에 갔는데 학비와 등록금 면제, 기숙사비 및 생활비 지급, 졸업 후 유학. 이게 입학 조건이었어요. 그런데 졸업을 하니 유학을 안 보내주고 대학부

설 경희여고에서 교사를 하라고 하는 거예요. 원래부터 독일 유학을 계획하고 있던 탓에 독일어 공부를 해둔 저는 거기서 독일어 교사를 했어요. 그러다가 5.16 후 징집돼 논산훈련소 수용연대에 있다가 이학시병을 모집한다는 공고를 보고 시험을 보고 합격해서 군사정보부대에서 배속이 됐죠. 당시 한 집안에서 아들 셋이 군복무를 하면 한 사람을 제대시켜줬어요. 그래서 두 동생이 저를 위해 입대를 해서 제가 제대를 하게 됐어요. 당시 집안 형편이 어려워 제가 교사 월급을 받아야만 했거든요. 그런데 대학에서 계속 유학 허락을 안 하는 거예요. 이래선 안 되겠다 싶어 독일대사관 독일학술교류처 장학생 선발 시험에 응시해 합격해서 비로소 유학을 가게 됐죠. 1966년 3월, 독일공항에 도착하니까 학술교류처 직원이 독일 시골 마을에 있는 괴테 인스티튜트에 보내 어학공부를 시키더라구요. 그런데 저는 다른 학생들은 중급까지만 마쳐도 되는 과정을 최고급과정까지 다 마쳤어요. 법학 공부를 하고 논문까지 쓰려면 어학을 제대로 하지 않으면 안 된다는 생각이 들었던 거죠. 지금도 그 선택을 잘했다고 생각하고 있어요."

대륙법의 본거지인 독일에서 장래 헌법 연구 권위자로 성장하게 학인이 탄생되는 첫 장면이다. 그는 뮌헨에서 박사 학위를 취득한 후 연구실적과 실력을 인정받아 현지의 본대학교와 바이로이트 대학 교수를 거쳐 1979년 모교인 경희대 교수로 금의환향한다. 그러곤 1981년 법과대학을 독립시킨 연세대 교수로 스카우트되는데, 모교와의 의리 때문에 당시 경희대학교 총장과 아내와 긴밀한 상의를 했다고 한다.

그렇다면 헌법학자로서 그는 현행 대한민국 헌법이 가장 간과하고 있는 문제는 무엇이라고 보고 있을까.

"예전에는 헌법이라는 것이 국가주의 이념이나 권력구조를 강화하는 데 쓰인 게 맞아요. 그런데 제가 독일에서 공부하면서 그것에 문제의식을 느끼고 헌법을 그렇게 봐서는 안 되고 헌법은 이상적인 공동체를 만들기 위해 필요한 가치를 실현하기 위한 규범이다. 개인의 인권, 국민의 기본권 중심으로 헌법을 봐야 한다고 이야기를 했고 그런 책을 처음으로 썼죠. 헌법철학이라는 말이 있는지는 모르지만, 그게 저의 헌법철학인 셈이죠."

부연 설명을 요청하며 현행 헌법이 개정되어야 한다면 어떤 부분을 손대야 하는지를 물었다. 그러자 기다렸다는 듯 막힘없는 대답이 돌아왔다.

"현행 헌법이 탄생되는 데는 87항쟁이라는 역사적인 배경이 있잖아요. 장기 독재를 막고 인권 탄압 여지를 없애는 것이 가장 중요한 과제였단 말이에요. 그래서 대통령 단임제를 못박고 헌법재판소도 설치한 것인데요. 민주주의 사회에서 권력자는 집권을 하면 책임정치라는 의미에서 국민들로부터 심판을 받을 기회를 갖는 게 맞아요. 그런데 단임제는 대통령이 집권하는 동안 심판을 받을 필요가 없으니까 나몰라라 식의 무책임한 정치를 방조하게 되거든요. 이건 민주주의 이론상 맞지 않는 겁니다."

허 교수는 퇴임 후 2011년 헌법재판소에 설치된 헌법재판연구원 초대 원장으로 부임한다. 그는 법령에 의해 설치된 후 꾸준하게 위상이 높아진 헌법재판소에 대해서는 어떤 관점을 가지고 있을까.

"헌법재판소가 그동안 헌법의 가치를 지키는 데 많은 기여를 한 건 사실이지만, 대법원장이 사실상 헌법재판소 재판관 세 명을 천거할 수 있도록 한 것은 지금 현실에는 맞지 않아요. 애매한 규정 때문에 근년 들어 심심찮게 대법원과 헌재간 위상 싸움이 발생하고 있잖아요. 헌법소원제도의 운영도 중요한데, 국민이 일상생활에서 가장 많이 부딪치는 게 행정권이에요. 행정권으로부터 이익을 침해받았을 경우 헌법소원을 할 수 있어야 하는데, 지금 법령으로는 행정소송부터 해서 거기서 구제를 받으라고 해요. 그런데 행정소송에 구제를 받지 못하면 헌재로 사건을 가져갈 수 있어야 하는데, 그게 못하게 한 것도 문제예요."

허 교수는 초대 헌법재판연구원장으로 재직한 2년 동안, 헌법재판소 내 헌법재판관들의 심리에 도움이 될 수 있는 기초적이고 핵심적인 연구를 수행해서 자료를 제공하는 기관 본연으로서의 역할을 하는 데 최선을 다했다고 한다. 특히 당시만 해도 법률이 위헌이냐 아니냐를 따질 때 애매하게 적용하던 위헌 심판의 범위와 대상을 분명하게 정할 수 있는 가이드라인을 제시한 것이 기억에 남는다고 했다. 당시 이강국 헌법재판소장도 연구원의 조력에 만족감을 표시했다고.

이번에는 허 교수에게 헌법 전문가이자 원로 지식인으로서 한국 사회가 추구해야 하는 정의의 방향과 성격 등에 대해 물었다. 질문의 내용 속에 트릭처럼 지난 몇 년 동안 법적 정의가 소위 정치적 정의를 외치는 목소리에 위축되었던 것은 아닌가라는 개인적 의견을 섞어 넣었는데, 의외로 강한 소신 발언이 나왔다.

"저는 정치적 정의라는 개념 자체가 성립될 수 없다고 생각해요. 정의는 오로지 법적인 정의만 존재해야 한다고 봅니다. 법은 사회적 상식에 기반하는 것이니까요. 그래서 정의는 법적인 정의 하나만 인정되어야 한다고 생각해요. 이를테면, 법은 정의를 추구한다고 해도 모든 수단을 정당화해서는 안 된다는 한계를 인정하고 있어요. 그런데 정치는 목적을 위해서는 모든 수단과 방법을 다 허용해도 된다는 식이에요. 그것을 어떻게 정의라고 할 수 있겠습니까."

허 교수는 물경 60년 가까이 헌법 연구에 매진해온 석학이다. 그 세월 동안 한국의 법조 생태계가 진화하는 걸 누구보다 유심히 지켜보았으리라는 건 불문가지일 터. 로스쿨 제도가 도입된 지 10년이 넘은 현 시점에서 혹여 눈에 들어온 이 시스템의 맹점과 한계가 있다면 짚어달라고 요청했다. 그러자 추상 같은 비판의 언술이 쏟아졌다.

"사법시험 제도를 없애고 로스쿨 시스템을 도입한 건 잘한 것인데, 설계를 잘못했어요. 먼저 로스쿨 도입 이후, 법학이라는 학문이 죽어버렸어요. 다들 법기술자를 양성하는 데 급급해요. 법학을 하는 학자가 나올 수 없는 환경이 돼버렸어요. 예컨대 로스쿨에서 변호사시험 과목이 아닌 과목에는 아무도 관심을 두지 않아요. 개설해봐야 폐강되거든요. 헌법의 깊은 이론을 공부하는 게 아니고 '수험법학'이라고 해서 판례를 암기하는 게 지상목표인 거예요. 출제자나 학생들이나 모두 기능 위주로만 흘러가는 거예요. 로스쿨을 도입한 배경에는 학교에서 실무를 가르치겠다는 합의가 있었거든요. 하지만 유명무실화 됐어요. 지금은 변시 합격 후 로펌에 가서 연수를 받는데, 그것도 효과가 미지수예요. 그 대안으로 저는 로스쿨 3년 동안 1학년 마치고 2학년 때부터 방학을 이용해 사법연수원에 입소해 실무 교육을 받아야 한다고 생각해요. 변호사 숫자가 많아지는 게 중요한 게 아니라 양질의 변호사가 많아지는 게 중요하니까요."

공교롭게도 지금은 사법부 수장의 교체기다. 최근 새 대법원장도 지명됐다. '사법부의 독립'은 우리 사회의 해묵은 아젠다라고 할 수 있는

데, 과연 얼마나 실현된 것일까. 이에 대해 가감없는 입장 표명을 부탁했다. 실명 비판이 나왔다.

"정치의 사법화라는 말이 있지만 근년에는 사법의 정치화가 심하다고 생각해요. 지금 국민 누구도 법원의 판결에 대해 납득하질 않고 있어요. 법원 결정을 국민이 수용하려면 판결의 설득력이 중요한데 그 설득력이 확보가 되질 않아요. 설사 패소를 하더라도 설득력이 완미하면 수긍하게 되는 거거든요. 사실 대법원장이라면 사법부를 외풍으로부터 막고 구성원을 지켜야 하잖아요. 그런데, 김명수 대법원은 오히려 법원 구성원을 정치권에 내맡긴 적이 있잖아요. 그래서 보편적으로 듣는 얘기가 지금 대법원장이 역대 최악이라는 말이 있어요."

유신 시절 대법원이 사법살인이라고 불린 만행을 공모한 적 있으니, 여기서 '역대 최악'이라는 말은 현 대법원 비판의 강도를 높이기 위한 레토릭으로 보는 것이 맞을 것이다.

허 교수는 현 정치권에 대해서도 날선 비판을 하는 데 주저하지 않았다. 법과 제도는 계속 정비되는 반면 한국 사회 각계 구성원 간의 갈등이 심화된 원인을 묻자 정치인들의 책임이 절대적이라고 했다. 군사독재라는 우리 사회의 공적이 있을 때는 온 국민이 독재 타도를 위해 내남없이 싸웠는데, 그 적이 없어지자 정치권이 내 편과 네 편을 가르기 위해 없는 적을 발명하고 서로 상대편을 악마화했고, 그 과정에서 갈등의 골이 깊어졌다는 것이다. 양대 정치 세력이 지지자들에게 계속 자기들의 적을 맹목적으로 적시하는 방식으로 정치의 과잉을 획책하고 유시한다는 것이다.

정치권과 사법부 비판을 포함, 그냥 묵과하기 힘든 우리 사회의 폐단을 말할 때 그의 어조는 차분하고 낮았지만 그 논리는 삼엄하고 선명했다. 원로로서의 비상한 책임감과 소신이 느껴지는 대목이었다. 그런 허 교수를 최근 대한변협이 한국법률문화상 수상자로 선정한 것은 늦은 감은 있으나 아주 잘한 일이다.

그는 군대 주특기 분류 번호와 군번까지도 외울 정도로 여전한 기억력과 흐트러짐 없는 체력을 보여주었는데, 건강을 유지하는 비결로는 매일 아침 여섯 시 반부터 어김없이 피트니스에 가서 하는 운동을 꼽았다.

그와 인터뷰를 마치면서 간만에 존경을 해도 좋을 만한 어른을 만났다는 확신이 들었다. 오랜 회의와 궁리로 추슬렀을 지성과 육체적 강고함이 한 사람을 크고 자유롭게 하고 있었다.

(허영 교수는 2024년 12월 2025년 4월에 걸친 윤석열 대통령의 계엄 선포와 탄핵심판 과정에서 절차상의 위법 요소를 조목조목 짚으며 헌법재판소의 각성과 분발을 공개적으로 촉구해서 세간의 주목을 받았다.)

「법률신문 2023년 9월 18일자 게재」

내 삶을 계획할 수 없다는 고통

대법원 상고심 판결 지연 피해자

박유하

세종대 명예교수

2014년 6월, 위안부문제의 해법을 모색한 책 《제국의 위안부》가 <나눔의집>으로부터 명예훼손 고발을 당한 이후, 박유하 교수는 목하 10년째 묵직한 족쇄에 매인 삶을 살고 있다. (대법원 상고심은 6년째 판결이 나오지 않고 있는 상태다.) 피소 사태 이후 그는 국민적 화제 속에서 뜨거운 논쟁의 주인공이 되었다. 학문과 표현의 자유를 놓고 지식인 사회는 반반으로 나뉘었다. 일본에서도 지지와 비난이 교차하는 목소리가 나왔다. 물론 이 같은 주목은 박 교수가 전혀 바라지 않았던 일이다. 학자적 양심과 표현의 자유가 정치화되어 감정적 논쟁으로만 소비되었기 때문이다.

박유하 교수는 와세다대학교 대학원에서 일문학 박사학위를 취득하고
현재는 세종대학교 명예교수로 재직중이다. 외국인으로서는 최초로
아사히신문사가 주관하는 오사라기 지로 논단상을 수상한 바 있으며
저서로 <내셔널 아이덴티티와 젠더><화해를 위해서><역사와 마주보기> 등이 있다.
가라타니 고진의 <일본 근대 문학의 기원>을 비롯,
나쓰메 소세키, 오에 겐자부로 등의 작품을 다수 번역하기도 했다.

작년에 정년을 맞은 박 교수지만 외양과 말투에선 '사양(斜陽)'의 기운이 조금도 느껴지지 않았다. 10대 성장기에는 불문학에 푹 빠져 지냈다고 했다. 일면 문약해 보이기까지 하는 그는 어떻게 한 사회를 집어삼킬 만한 논쟁을 촉발한 글을 쓰게 됐을까. 피소까지는 아니더라도 위안부 문제가 우리 사회에서 얼마나 복잡하면서도 민감한 정치적 화소(話素)인지 그가 모르지는 않았을 텐데 말이다.

"연구자이고 학자로서 자연스럽게, 평소 관심이 있던 주제를 논문을 통해 발표한 것이 발단이었어요. 2000년 일본을 매개로 한국의 민족주의를 반성적으로 돌아본 책 《반일 민족주의를 넘어서》를 펴냈고, 2005년에는 절반 가량을 일본 비판에 할애한 《화해를 위해서》를 펴냈는데 이후 지식 공론장이 아무것도 달라진 것이 없다는 생각이 들어 《제국의 위안부》를 쓰게 되었어요. 저는 기본적으로 '나는 박유하이기 이전에 한국인이다'라고 고백해야 하는 민족주의의 구조적 강박에 대한 이야길 하고 싶었어요."

박 교수는 서울에서 나고 자라 고등학교까지 마친 후 국내 대학에 진학하지 않고 일본의 사립명문 게이오기주쿠(慶應義塾) 대학에 진학한다. 이게 1970년대 후반의 일이었는데, 이는 그때나 지금이나 지극히 드문 케이스다. 그래서 박 교수의 성장 배경과 환경 등이 궁금했다.

"아버지와 어머니는 여수와 순천 분이었어요. 아마 여순사건 직후에 서울에 올라오셨을 거예요. 위에 언니 두 분은 순천에서 태어났고 오빠와 저는 서울에서 태어났죠. 어머니는 은행원이셨고, 아버지는 내의를 만드는 사업을 하셨는데 한때는 신세계 백화점에 납품까지 하셨대요. 두 분 모두 교육열도 높으셨고요. 저학년 때까지는 형편이 괜찮았는데 아버지 사업이 잘 안 되면서 집안이 어려워졌어요. 큰언니가 공부를 잘해서 대학원까지 마친 후 외교관과 결혼하면서 일본으로 건너갔어요. 그게 중요한 계기가 되어 부모님도 생업을 위해 일본으로 건너가셨고 그 와중에 저는 한국에 남아서 고등학교를 마쳤어요. 부모님과 언니가 일본에 있었기 때문에 그게 동기 부여가 되어서 고민 끝에 일본에 있는 대학을 택한 것인데, 학원에 다니면서 한 달 속성으로 일본어를 공부하고 일본에 가서 1년 정도 더 어학을 익힌 후 대학에 진학했어요."

사실 지적 호기심이 강하고 공부를 잘했던 학창 시절, 일본은 박 교수에게 특별한 관심의 대상은 아니었단다. 중학교 때, 오사카에서 열린 세계박람회 관련 뉴스와 잡지 등을 통해 어렴풋하게 접했을 뿐이라고. 그런 그가 우연과 필연이 포개지면서 일본의 대학으로 진학하게 되는데, 그때 선택한 학교가 게이오대학이다. 이에 얽힌 사연을 들어보았다.

"사학 명문들인 게이오, 와세대, 아오야마가쿠인 세 군데 시험을 봤는데, 다른 학생들이 와세다를 많이 가기에 저는 게이오에 갔어요. 들어가서 알았는데, 게이오대학은 비교적 집안 형편이 여유로운 학생들이 들어가는 대학이더라구요, 상당히 열려 있었고 차별이나 편견이 없었어요. 또 게이오는 다른 대학과 달리 입학시험에 세계사 과목이 있었어요, 그것도 마음에 들었죠. 게이오대학 다닐 때 자유롭게 다양한 수업을 들을 수 있었어요. 불문학사, 러시아문학사, 음악 같은 것들이있죠. 제가 유학생이었고 그래서 어쩔 수 없이 관심의 대상이었기 때문에 나름대로 학내 커뮤니티에 참여를 하기도 했어요. 그들의 별장에도 놀러가기도 했지만 일본 학생들의 주류 세계에 편입되는 데는 한계가 있었어요. 늘 혼자서 영화를 보러 다녔지요."

확인해 보니 게이오기주쿠대학의 설립자는 그 유명한 후쿠자와 유키치이고 학교 표어는 '펜은 칼보다 강하다 Calamvs Gladio Fortior'다. 나는 이것이 훗날 박유하 교수가 걷게 될 간단치 않은 지식인으로서의 길이 어떤 식으로든 암시된 게 아닌가 하는 비상한 느낌을 받았다. 인문적 통찰과 경세적 감각으로 일본 근대를 설계한 인물이 설립한 대학을 다니는 동안 박 교수의 내면에선 자신도 모르는 사이 근대적 가치나 민족주의의에 대한 특유의 첨예한 감수성의 맹아가 싹튼 건 아니었을까. 그후, 그는 펜을 무기 삼아 제국주의와 가부장제라는 폭력의 칼날에 맞서지 않았나.

게이오 대학 시절을 민들레홀씨와 같은 방외인처럼 지낸 박 교수는 일시 귀국해 결혼을 하고는 와세다대학 대학원에 진학해 본격적으로 일본 근대를 파고들기 시작한다. 그러곤 일본 근대문학의 대부격인 나쓰메 소세키를 주제로 박사 논문 〈일본 근대문학과 내셔널 아이덴티티〉를 쓴다. 민족주의가 본격적으로 그의 지적 레이더망에 걸려든 것. 그러면 박 교수는 나쓰메 소세키의 어떤 지점에서 민족주의 비판의 모티프를 보았던 것일까. 사전에 질문이 전혀 공유되지 않았는데도 막힘없는 대답이 돌아왔다.

“대학원에 들어갈 즈음 일본에서 나쓰메 소세키에 대한 관심이 높아지고 있었어요. 나쓰메 소세키가 만주와 조선을 여행하고 쓴 여행기가 있는데, 제가 읽어보니 민족주의적 우월의식과 계급의식 같은 게 있었어요. 예컨대 중국인을 비웃는 대목이 있는데 일본 사람들은 그걸 문학적 해학이나 유머라고 해석하고 있더라구요. 외국인 입장에서는 수긍하기 어려운 대목이었죠. 또《마음》이란 소설도 남자의 관점이 지배적인 작품이었고요. 여성 차별적 시선이 있었던 거죠. 당시 일본 지식인 사회엔 민족주의 비판이 조금씩 대두되고 있었는데, 저는 문학 연구자였기 때문에 나쓰메 소세키로부터 일본 민족주의의 정체성을 보게 되었던 거예요. 소세키가 자유주의자로 알려져 있는데 그 시각을 수정할 필요가 있다고 생각했던 거죠. 당시 일본 지식인들의 민족주의 비판은 제국주의 비판과 유리돼 있었어요. 사실 그 둘은 다른 것 같지만 서로를 떠받치고 있는 것이거든요.”

그의 말을 듣고 나는 동시대를 사는 독자의 한 사람으로 내가 박 교수의 저작들을 나름대로 잘 따라 읽었다는 생각이 들었다.《제국의 위안부》만 해도 그렇다. 여기서 ‘제국’은 남성 중심의 젠더의식에 대한 비판적 함의가 깔린, 거대한 메타포처럼 내겐 읽혔다. 다시 말해, 박 교수가 일련의 저술을 통해 비판하고자 했던 선, 남사로 표상되는 국가주의, 나아가 제국주의의 가부장적 지배와 폭력이고, 사실 이것은 일제시대뿐 아니라 인류 역사 이래 지금까지 꾸준히 지속돼 오고 있다는 것이다.

식민지 시대, 위안부를 동원하는 과정에는 학자들 주장처럼 "강제적"인 것도 있고 "자발적"인 것도 있었다고 보는 게 맞을 것이다. 특히 자발적이라는 주장은 박 교수가 직접 한 것이 아니고 인용한 것이다. 그럼에도 우리 사회는 민족적 자존이라는 당위에 갇혀 일본에 뿌리 깊은 트라우마와 피해의식을 가지고 있고 그런 프레임에서 자신의 관찰과 연구를 바탕으로 소신 발언을 한 한 학자의 양심을 반민족인 것으로 타기한 것은 아닐는지.

박 교수에게 《제국의 위안부》가 나눔의집에 의해 고발되었던 날의 기억을 물었다. 그 사실을 알았을 때의 마음이 어땠는지를.

"고발을 당한 날짜가 2014년 6월 16일인데, 15일 일요일 아침에 지인이 인터넷 뉴스를 보고 알려주셨어요. 그때 내가 뭘 하고 있었는지는 기억이 안 나는데, 목이 막 타들어가는 느낌을 받았어요. 정말 생각도 못했던 일이었어요. 책을 낼 때마다 긴장을 하긴 했지만 고발되리라고 생각해본 적은 없어요. 그런데 모종의 징후 같은 건 있었어요. 《제국의 위안부》가 나왔을 때 몇몇 호의적인 기사가 나오긴 했지만 또 어떤 일간지에서는 인터뷰까지 했는데도 기사가 나오지 않은 거예요. 그래서 조금 이상한 느낌은 있었어요."

'제국의 위안부 사태' 이후 박유하 교수를 지지해온 측에서는 그가 고발을 당한 것이 위안부 할머니들을 지원하는 특정 지원단체가 움켜쥐고 있던 정치사회적 기득권과 이익을 박 교수가 침해하려 들자 맛보기로 응징한 것이라는 해석을 한 바 있다. 이에 대해 박 교수는 어떤 생각을 갖고 있을까.

"책이 나오고 가만히 있었으면 고소까지 당하지는 않았을 거예요. 그런데 책이 나온 이후 제가 위안부 할머니들을 만나 뵈러 갔고, 그리고 할머니들과 친해지게 됐어요. 그리고 할머니들을 접촉하면서 만든 어떤 영상을 심포지엄에서 틀기도 했어요. 그게 제가 고소를 당한 이유라고 생각해요. 제가 할머니들을 만났던 이유는 정말로 할머니들이 무얼 원하시는지 직접 듣고 싶었기 때문이에요. 그 당시 할머니들이 진짜 원하시는 게 뭔지 정말 궁금했거든요."

나눔의 집 측은 도대체 뭐가 두려워서 자기들 말고 다른 사람이 할머니들을 접촉하는 걸 극도로 경계했던 걸까. 고소를 하면서 그들이 가처분 신청을 한 내역 중에 위안부 할머니들에 대한 박 교수의 접근 금지도 있는 걸 보면, 자신이 할머니들을 만났기 때문에 고발을 당했다는 박 교수의 추정은 충분히 합리적인 듯싶다.

언론에는 잘 알려지지 않은 사실인데, 당시 기소가 있기 전 검찰 주관하에 조정위원회가 있었다고 했다. 조정위원회가 박 교수에게 제안한 조건은 이미 법원의 가처분 명령에 의해 펴낸 《제국의 위안부》 삭제판 (원고측 신청을 법원이 일부 받아들여 초판본에서 34곳을 삭제하고 출판한 판본)을 아예 절판할 것과 당시 일본에서 출간 준비 중이었던 책을 초판본이 아닌 삭제판으로 내라는 것이었다. 박 교수는 학자의 양심상 이를 도저히 받아들일 수 없었다고 했다.

"2015년 2월, 삭제를 인용하는 첫 가처분 판결이 나왔을 때 저는 그 결과를 믿을 수 없었어요. 그때부터 재판에 대해서 낙관을 거둬들이게 되었어요. 법원이 이성적으로 판단해 주리라는 믿음이 사라졌다고 할까요. 가처분 판결 때 결과를 낙관한 변호사가 법정에 나올 필요가 없다고 해서 그 말을 믿고 안 나갔는데, 그게 불찰이었던 것 같기도 해요."

결국 이 사건은 2015년 11월 검찰 기소로 이어졌고, 2017년 1월 1심에선 무죄, 10월의 2심에선 유죄가 선고되었음은 주지의 사실이다. 박 교수는 이를 받아들이지 않고 대법원에 상고하게 된다. 그리고 그에 대한 판결은 물경 6년째 나오지 않고 있다. 이와 관련, 사법부 구성원으로부터 폭넓은 존경을 받는 이인복 전 대법관은, 2022년 9월 본지와 가진 인터뷰에서 박유하 교수 사건 같은 경우는 대법원이 좋아할 만한 (가치가 있는) 사건이고 무죄 취지 파기환송을 함으로써 한국의 사법부가 학문과 표현이 자유를 옹호한다는 걸 보여줬어야 한다고 소신 발언을 한 바 있다.

박 교수는 지금 대법원의 판결 지연에 따른 대표적 인권 피해자라는 게 법조계 안팎에서 나오고 있는 의견인데, 당사자로서 어떤 생각을 하고 있는지 물었다.

"혼자만 정지된 시간 속에 남겨진 느낌이에요. 해방감이 전혀 없어요. 거취를 정할 때도 늘 구속을 당하는 느낌이에요. 개인적으로 대법원 판결이 나오려면 여론이 받쳐줘야 한다는 생각이 들어요. 주심 판사의 임기가 내년이면 끝나는데 결국 그때까지 안 나올 공산이 클 것 같아요. 저는 이미 대법원이 시기를 놓쳤다고 생각해요. 어떤 판결이 나오든지 저는 내가 무죄라는 생각을 하고 있어요. 판결이 나오려면 문재인 정부에서 나왔어야 한다고 생각해요. 대법원장이나 담당 판사가 모두 문재인 정부에서 임명된 분들이잖아요. 지금 정부에서 판결이 나오면 그게 어떤 판결이든 정치적 판결이라는 말이 나올 수밖에 없어요."

《제국의 위안부》 사건은 인간의 양심과 소신, 학문과 표현의 자유라는 인간의 기본 권리를 받아들이는 한국 사회의 지적, 문화적 성숙도와 수준을 극명하게 보여주는 상징적 이슈임에 틀림없다. 이 땅의 법률가와 법조인들에게 《제국의 위안부》 사건과 그 법적 처리 과정에 대해 할 얘기는 없는지 마저 물었다.

"작년에 쓴 책 《역사와 마주하기》에서도 했던 말인데요. 위안부 문제는 전쟁범죄의 문제라기보다는 제국의 문제로 봐야 해요. 검찰이나 법원에 계신 어떤 분들은 이걸 계속 전쟁범죄의 문제로만 보는 것 같아요. 법이 역사를 어떤 관점으로 보느냐가 그래서 정말 중요하죠. 그리고 법이 지나치게 정치화될 경우 개인의 삶을 옭아맬 수도 있다는 걸 알아주셨으면 좋겠어요."

박 교수는 결코 바라지 않을, 다소 감상적인 표현일 수 있는데, 익숙하고 수월한 세상의 질서나 힘에 기대지 않고 따로 떨어져 불온한 목소리를 내는 사람은 기본적으로 '고아孤兒의 영'을 가진 존재라고 할 수 있다. 이 고아의 영혼은 필연적으로 고독한 대신 자유로운데, 그 자유로움으로 우리 사회가 말하지 않고 보지 않았던 것을 드러낸다. 그런데 그것이 불편하다고 해서 그에게 사회적 핍박과 처벌이 가해진다면 (부모의 권위에 물들지 않은) 고아의 드물고 자유로운 시선과 목소리는 움츠러들 수밖에 없다. 그건 우리 사회 구성원 모두가 일순간 '꼰대'로 전락하는 일이다.

"아무런 계획을 세울 수 없다는 것, 저의 삶을 제가 준비할 수 없다는 게 지금 제가 느끼고 있는 가장 큰 고통입니다."

실체 없는 안개 사원 같은 대법원의 판결을 하염없이 기다리고 있는 박유하 교수는 앞으로의 계획을 묻는 질문에 이렇게 말했다. 사람에게 미래를 생각할 수 없다는 것, 자신에게 도래할 삶을 상상하고 준비할 수 없다는 것은 무엇을 의미하는 걸까. 미지에의 자유로운 열정으로, 또는 정리와 충전과 모색으로 충만해야 할 시간을 차압 당했다는 것은. 우리는 이 해괴한 가해의 유력한 목격자이며 공범이 될 것인가.

「법률신문 2023년 7월 10일자 게재」

위안부 해법 다룬 '제국의 위안부' 명예훼손 고발 당한 후
학자적 양심과 표현의 자유 정치화 되어 감정적 논쟁만...
大法에선 10년째 심리中 ... "지연된 판결은 정의가 아니다"

무심과 보편타당함으로 이룬 성취, 그리고 겸양

노정연

부산고등검찰청 검사장(현 노정연법률사무소 변호사)

우리나라 검찰사상 최초의 여성 고검장이라고 했다. 현 법무부장관과 검찰총장에겐 2기수 선배라고. 거기에다 수원지검 성남지청에 근무하던 시절 윤석열 대통령과 출퇴근길 카풀을 했던 사이라 했다.

내 머릿속에는 대뜸 '철의 수상'으로 불린 마거릿 대처와 독일을 유럽 최고의 부국으로 끌어올린 '여장부' 메르켈의 이미지가 떠올랐는데, 실제로 만나보니 이럴 수가, 고등학교 교장선생님 같은 친근한 인상과 수더분한 말투를 가진 분이었다. 그래서였는지 노정연 고검장(56·사법연수원

서울중앙여자고등학교와 이화여대 법대를 나온 **노정연 부산고검장**은 1993년 제35회 사법시험을 합격해 1996년 사법연수원을 제25기로 수료했다. 다음 해 수원지검 성남지청 검사로 임관해 서울지검 동부지청 검사, 청주지검 충주지청 검사, 서울지검 북부지청 검사 등으로 일했다. 2005년에는 SBS '솔로몬의 선택'에 고정출연하기도 했다. 법무부 여성아동과장, 인권구조과장, 서울중앙지검 공판2부장, 대전지검 공주지청장, 대전지검 천안지청장, 대검찰청 공판송무부장, 서울서부지검 검사장 등을 거쳐 지난해 6월 부산고검 검사장에 보임됐다.

25기)과 마주한 곳이 검사장실이라기보다는 교무실 같은 느낌이 인터뷰 내내 따라왔다. 위압적이라거나 권위적이라고 할 수 있는 게 전혀 없었다는 얘기다.

부산고검장에 임명된 게 지난 해 6월이었으니 이제 정확히 1년 동안 직을 수행중인 셈인데, 사실 그에 대한 인사는 그간의 관행을 거스르는 것이어서 화제가 되기도 했다. 보통 검찰수장에 후배 기수가 발탁되면 선배들은 용퇴를 하는 것이 검찰 조직의 관례였기 때문이다.

"사실은 그때 제가 고검장 발령을 받아 먼저 부산에 내려왔고 총장대행을 하던 이원석 대검차장이 8월에 총장 임명이 됐어요. 제가 고검장이 된 지 2개월 된 시점이었고 안 그래도 검찰 조직이 좀 혼란스러운 시점이었거든요. 일체감, 소속감, 자긍심 등이 많이 떨어져 있는 상황이었죠. 그러던 차에 이 총장이 전화를 해서 자리를 지키면서 일을 좀 해달라고 했어요. 이원석 총장은 우리 선배들도 신뢰하는 후배였고 강직한 검사여서 자리를 지키면서 힘이 돼주자는 생각을 했습니다."

한동훈 장관 발탁과 이원석 총장 임명이 기수를 뛰어넘는 파격 인사여서 조직 안정을 꾀하기 위해 이 총장이 선배들에게 직을 보전해달라는 부탁을 했다는 건 매스컴을 통해서도 알려졌는데, 노정연 고검장이 이를 확인해준 셈이다.

세간에도 제법 알려진 사실인데, 노 고검장은 우리나라 최초 부녀검사장, 부부검사장으로 화제가 되기도 했다. 성장 과정이나 검사 입문 시절의 비화를 들려달라고 부탁했다.

"부모님이 전남 함평 출신이고 초등학교 동창 사이에요. 아버지가 검사 생활을 했기 때문에 전국을 돌아다니셨어요. 제가 2녀2남 중 장녀인데, 우리 남매가 태어난 곳이 다 달라요. 저는 서울에서 태어났구요. 그랬다가 원주에서 살다가 초등학교 2학년 때부터는 서울에서 학교를 다녔어요. 막 원주에서 전학을 왔을 때는 서울 친구들이 보기에 아마 촌스러운 기색이 남아 있었을 거예요(웃음). 제 정서적 원형을 이루는 고향은 서울이라고 보면 될 것 같아요. 어머니는 약대를 나오셨는데, 실제로 제가 어렸을 때 신촌에서 약국을 운영하셨어요. 제가 일을 가져야겠다고 생각한 것이 어머니의 영향이었어요. 여자도 일을 가져야 하고 경제적인 독립을 해야 한다는 말씀을 많이 하셨어요."

노정연 고검장은 아버지로부터 인내심을, 그리고 어머니로부터는 추진력을 물려받은 것 같다고 말했다. 그런데 내게는 여전히 노 고검장에게서 이렇다 할 캐릭터가 잘 잡히지 않는다. 나는 이 '보통의 경지'라고 부를 수 있는, 비범함을 숨기는 그의 스타일이 그래서 더 신기했는데, 연수원을 나오고 검사를 지원한 이유를 슬쩍 물었다.

"아버지가 검사장까지 지내고 퇴직하셔서 검사가 된 이후 사실 제법 부담을 느꼈어요. 아버지가 평판이 좋았던 분이라서 더 그랬죠. 당시 전국에 여자 검사는 열서너 명밖에 안 될 때여서 아버지조차 걱정을 할 정도였어요. 그래도 저는 검사를 선망했기 때문에 다만 1,2년이라도 한번 부딪쳐보고 싶었어요. 그런데 초임이라 당연히 어리마리했고 정말 힘들더라구요. 조직 문화도 남성 중심인 분위기가 있었구요."

연수원생 신분으로 검사시보를 할 당시 노정연 고검장은 이미 결혼을 한 임신 6개월차였다고 한다. 그런데 마침 변사 사건이 일어나 피해자의 끔찍한 시신을 부검해야 하는데, 검사가 참관 희망자를 구하자 아무런 망설임도 없이 자원해서 부검을 목도했다고 한다. 아, 나는 여기서 어렴풋이나마 노 고검장의 캐릭터가 보이는 듯싶었다. 폼 잡지 말고, 힘도 주지 않고 그냥 자신을 믿고 해보는 것. 타고난 '무심' 체질 아닐까 싶었다. 사실 아마추어들일수록 무슨 일을 할 때 잔뜩 힘이 들어간 포즈를 취하는데, 노 고검장은 무심코 직진을 했던 것.

그러면 노 고검장이 검찰 조직에 몸담은 27년 동안 직접 피부로 느낀 검찰 내 조직 문화의 변화 바람, 남성중심적이고 수직적인 문화에 균열이 일어나고 있다고 느낀 것들은 뭐가 있었을까.

"제가 검사가 되었을 때 출산 휴가가 딱 60일이었어요. 제도적으로는 육아휴직제가 있긴 했지만 조직 내 분위기상 그 휴가를 쓰겠다는 말을 할 수가 없었어요. 그런데 지금은 출산 휴가가 90일이고 육아휴직은 1~2년을 쓸 수 있어요. 남자검사들도 육아휴직을 자연스럽게 신청하고 있구요. 우리 때는 남자검사가 출산 휴가를 쓰려고 하면 선배들로부터 '네가 애낳냐'는 면박 아닌 면박을 받곤 했어요.(웃음)"

노 고검장은 86학번이다. 민주화의 열기가 뜨거웠고 학생운동이 절정에 이른 시기였다. 그때 학교 분위기는 어땠을까.

"제가 이대를 나왔는데, 고시장학생으로 전액장학금을 받기로 하고 들어간 거였어요. 그러려면 일정 학점 이상을 필수적으로 받아야 했어요. 그런데 당시 학생운동이 대세를 이루면서 공부할 수 있는 분위기가 만들어지지 않았어요. 그 부분이 좀 힘들더라구요. 학생운동을 하던 친구들에겐 부채의식이 있었는데, 그래도 법률가가 되어 사회에 기여하겠다는 생각으로 공부에 매진했어요. 당시 운동을 했던 친구들은 순수한 면이 있었다고 생각해요. 그런데 지금은 그 대의가 변질된 것 같아 많이 아쉬워요."

노 고검장에게 이번엔 불편할 수도 있는 질문을 던졌다. 고검장이면 검찰의 최고 지휘부라고 할 수 있는데, 윤석열 대통령의 의중이 담겼다고 볼 수 있다. 현 정부 출범 이후 야당에서는 윤석열 라인이 검찰과 정부 요직을 장악했다면서 혹독한 비판의 목소리를 내고 있는데, 이런 비판에 대해서 그 이슈에서 자유로울 수 없는 현직 고검장으로서 어떤 생각을 하고 있는지 물었다. 그러자 명료하면서도 원칙적인 답을 내놨다.

"사실 검찰 인사가 인사권자가 주관만 가지고 할 수 있는 게 아니에요. 검찰 내 근무평가 시스템이 매우 철저하고 체계적이거든요. 이걸 무시하면서 인사를 하게 되면 조직 내 기율이나 효율성이 무너지게 되죠. 근무 평가와 세평, 적합성 등을 면밀히 따져서 인사를 하는 게 바람직하고 지금까지 그 원칙이 크게 흔들리지는 않았다고 생각해요."

화제를 좀 가벼운 것으로 돌려 윤석열 대통령과 카풀을 하던 당시 검사들끼리 주로 무슨 대화를 나눴는지 물었다. 그 밀폐된 차 안에서 어떤 수다를 떨었는지를.

"당시 강수진, 이노공 검사랑 여검사 셋이서 카풀을 하기로 되어 있었는데, 윤석열 대통령이 자기도 끼워달라고 하더라구요. 차도 없고 면허도 없다면서요. 그런데 밥도 자주 사주고 기름도 다 넣어주셨어요.(웃음) 아무래도 사건 얘기를 많이 나눴어요. 윤석열 대통령은 법률 지식이 박학한 검사여서 후배들이 물어보는 질문에 바로바로 답을 해줬어요. 당시 노총각이었기 때문에 장가는 언제 가실 거냐고 묻기도 했고, 어떤 스타일을 좋아하는지도 물었고 우리가 소갤 해주겠다는 말도 했어요."

이번에는 윤석열 총장이 대통령이 되는 그 드라마틱한 과정을 가까운 후배로서 지켜본 소회를 물었다.

"징계를 받기도 하는 등 우여곡절 끝에 총장직을 내려놓고 결국 정치를 시작하셨는데, 저는 사실 윤석열 총장이 대통령에 나서지 않기를 바랐어요. 그런데 정치라는 게 뜻대로 되는 게 아니라는 걸 지켜보면서 느꼈어요. 걱정도 되고 조마조마했고 기대도 되었어요. 그런데 이왕에 대통령이 되셨으니 분열되어 있는 우리 국민들을 통합의 관점에서 보듬어주고 국정 운영을 잘 해주길 바랄 뿐이죠. 제가 지켜본 바로는 사심이라는 게 없는 분이거든요."

아무리 대한민국 검찰의 고검장이라지만 그도 한 사람의 어머니다. 커리어의 연혁에 성취와 성공만 있어 보이는 노 고검장에게 인생에서 좌절의 경험을 말해달라고 부탁하자 다소 목소리를 가라앉히며 아이들 이야기를 꺼냈다.

"아이들에게 미안한 마음이 있어요. 첫째가 딸아이이고 둘째가 아들인데 바쁘다 보니까 아이들을 일하는 분께 맡기는 경우가 많았는데, 아이들 입장에서 엄마가 필요한 시기에 제가 그 자리를 지켜주지 못했다는 것에 대한 미안한 마음이 있어요. 가끔 불쑥 아이가 그때 참관수업에 엄마는 안 오지 않았느냐면서 당시의 서운함을 말하는 거예요. 그때는 말하지 않았던 걸 나중에 하는 거예요. 그럴 때 저도 엄마로서의 제 역할과 삶을 돌아보게 되더라구요. 지금은 아이들에게 사랑하고 너희를 믿는다,라는 말을 많이 해주고 싶어요."

노정연 고검장은 아직 56세다. 검찰에서의 성공적인 경력을 바탕으로 앞으로 해보고 싶은 일이 있을 것이다. 그동안 쌓아온 경험과 지식을 가지고 꼭 해보고 싶은 일이 있는지, 있다면 무엇인지 물었다. 혹시 지금보다 높은 공직에 올라갈 수도 있을 텐데.

"제가 생각해도 공직의 혜택은 이미 충분히 받았다고 생각해요. 남자도 하기 어려운 고검장까지 올랐는데, 능력에 비해서는 분에 넘치는 자리라고 생각해요. 공직에 대해 더 욕심을 부리는 것은 도리가 아니라고 보고요. 앞으로 하고 싶은 일이 있다면 제가 학교폭력이나 청소년 범죄에 관심이 많은데 비행청소년들이 바르게 자라서 우리 공동체의 건강한 구성원이 될 수 있도록 도움을 주고 싶어요. 검찰이 대학과 연계해서 공동으로 비행청소년들을 선도하고 치유하는 과정이 있는데, 그런 일에 관심을 갖고 참여하고 싶어요."

겸양의 말인데 몸에 배인 것처럼 참 자연스럽게 느껴진다. 여기서 센 척하거나 잰 척하지 않는 '무심'과 '보편타당'이라는 노 고검장의 근기를 다시 본다. 검사상도 시대의 요구에 맞게 변해야 하고 여러 자질이 요구되는 시절이다. 그는 미래 세대의 검사들에게 필요한 것은 무엇이라 생각하고 어떤 걸 바라고 있을까.

"예전에 김진태 총장님이 검사에겐 '법·리·정'이 필요하다고 하셨어요. 법률지식은 물론이고 세상의 이치에 대한 통찰, 인간적인 정을 갖춰야 한다는 거였죠. 저도 그 말씀에 크게 동의해요. 사실 검사로 일하다 보면 너무 일이 많아서 자신을 돌아볼 여유가 없는 게 사실이에요. 그럼에도 자기 수양이나 인문학적 공부에 검사들이 꾸준히 관심을 가져야 한다고 생각해요. 동류 집단뿐만 아니라 다른 분야의 사람들, 바깥 세계의 사람들과도 활발히 소통하는 것도 중요하구요. 지금 검사들이 각 지역의 대학과 연계해 다양한 스터디와 세미나를 하고 있는 걸로 알고 있는데 더 노력해야죠. 아울러 소신을 갖되 개인 채널을 통해 정치적 견해나 사건에 대한 생각을 표출하는 건 자제해야 한다고 생각해요. 검사는 준사법기관이어서 개인적으로 올린 SNS 글이 명예훼손이라든가 정보 유출에 해당되지는 않는지 늘 경계해야 하거든요."

초등학교까지 치던 피아노를 전주지검장 시절 관사 근처 피아노학원에 다니면서 다시 치기 시작했다는 노정연 고검장은 부산고검장으로 온 이후 강당에서 조회를 할 때 직원들 앞에서 직접 피아노를 치며 클래식을 해설하는 퍼포먼스를 보여줬다고 한다. 레퍼토리는 리스트의 〈사랑의 꿈〉과 브람스의 〈인터메조〉 등이었다고. 반응이 좋아서 그 영향으로 피아노를 시작한 직원도 있다고 했다. 또 얼마 전에는 직원들과 부산 사직구장에 가서 야구경기를 직관했다고 한다. 요즘 롯데 자이언츠의 성적이 좋아서 기획해본 행사였다는 것이고 역시 반응이 좋았다는 것이다. 이처럼 노 고검장은 직원들과 활발히 소통하고 스킨십을 중요하게 생각하는 특유의 리더십을 발휘하고 있는 듯했다. 자연스레, 코로나 대유행과 우크라이나 전쟁 같은 악재 속에서 슬기롭게 유럽연합을 이끌고 있는 우르줄라 폰데어라이엔 EU 집행위원장의 온화한 리더십이 떠올랐다. 두 사람은 놀랍도록 인상이 닮기도 했다.

「법률신문 2023년 6월 12일자 게재」

08

편견으로부터 자유로운 법률가의 지속가능한 모험

윤종수

법무법인 광장 변호사

단단한 체구와 안광이 유독 빛나는 윤종수 변호사(59·사법연수원 22기)는 온몸에서 '생기'라고 할 수 있는 에너지가 뿜어져 나왔는데, 특이한 것은 그것에 어떤 운율 같은 게 느껴졌다는 거다. 빠른 템포의 목소리가 어느 순간에는 랩처럼 들리기도 했다. 20년 이상 우리나라에서 성직자 다음으로 운신의 폭이 좁은 직업이라는 법관으로 지냈다고 들었는데 그의 첫인상은 자신만의 개성적인 세계를 숨길 생각이 없는 자유롭고 파격적인 마에스트로 같은 느낌이었다.

홍익대부속고등학교와 서울대 법대를 나온 **윤종수 변호사**는 1990년 제32회 사법시험을 합격해 1993년 사법연수원을 제22기로 수료했다. 같은 해 부산지법 판사로 임관해 부산지법 동부지원, 서울지법 북부지원, 서울고법 판사, 대전지법 논산지원장 등으로 근무했다. 서울북부지법 부장판사를 끝으로 법복을 벗고 2014년 변호사로 개업했다. 현재는 법무법인 광장의 TMT·IT 그룹에서 활동 중이다. 개인정보전문가협회 부회장, 블록체인법학회 부회장, 가상자산업권법 입법 태스크포스 위원 등을 겸하고 있다.

"부천 소사에서 태어났어요. 아버지는 부산 분이고 어머니는 강화도 분인데 아버지는 호인 스타일이었고 술도 좋아하셨고 호기심도 많은 분이었어요. 그래서 어머니가 고생을 많이 하셨어요. 아버지가 일을 벌이면 어머니가 뒤에서 수습을 했달까요. 어머니는 책임감도 강했고 꼼꼼하셨어요. 제가 장남이었는데 좀 명석해 보였는지 상당히 엄격하게 양육을 하셨어요. 매도 많이 드셨지만 학교에도 자주 오셔서 기도 살려주시고 그랬죠. 제가 모범생 스타일은 아니었기 때문에 어머니가 단도리를 하신 거죠. 그 과정에서 어머니와 저 사이에 끈끈한 유대 같은 게 생겼던 것 같아요."

그렇게 말하고선 그는 자신의 성장기에서 아주 중요한 모티프였다면서 횡성에서의 체험을 들려준다.

"초등학교 4학년 때 아버지의 일을 따라 가족이 강원도 횡성으로 이사를 갔어요. 2년 정도 살았는데 전형적인 '서울 촌놈'이 강원도 시골에서 지내던 그 시기가 저에게 많은 것을 안겨준 것 같아요. 낯선 환경이나 다른 스타일에 적응하는 법, 다양성에 대한 이해, 그리고 자연 속에서의 야성 같은 걸 느낀 거죠. 감수성도 풍요로워지고 세상에 대한 시야가 확장되었다고 할까요."

법대를 나와 판사를 거쳐 변호사 일을 하고 있지만 그는 과학에 관심이 많았고 호기심이 넘치는 이과적 성향이었다고 스스로를 규정한다. 그러면서 법률가의 길을 걷게 된 것은 이를테면 우연 같은 것이었다는 것이다.

"과학에 대한 관심이 많아서 세운상가에도 자주 갔거든요. 그런데 1학년 때 수학 성적이 잘 안 나와서 문과를 택한 거예요. 그리고 성적에 따라 법대를 갔죠. 그런데 아이러니하게 문과로 정한 뒤인 2, 3학년 때는 수학 성적이 또 잘 나왔어요. 대학에서 과외를 할 때도 수학 과외를 수로 했구요. 저에겐 이과 감성이 확실히 있는 것 같아요. 입학하자마자 사법시험 준비하는 친구도 있고 학생운동에 매진하는 친구도 있고 그랬는데, 저는 어느 쪽에도 속하지 않고 방황을 좀 하다가 대학원에 가서야 정신을 좀 차리고 사법시험을 준비하게 됐어요."

세렌디피티라는 말이 있다. 어떤 우연은 필연을 만들기 위한 배경이 되기도 한다는 것. 그는 남들이 다 부러워하는 판사로 임용되었지만 늘 마음속에서 내가 행복해지는 길과 내가 하고 싶은 것이 무엇인지를 희구했다고 한다. 그래서 자연스럽게 다양한 것에 관심을 기울였는데, 그러다 만난 것이 1990년대 초반 PC 통신이다. 그는 시삽을 맡으면서 커뮤니티를 만들기도 했단다. 향후, 그가 법률가로서 독보적 전문성을 갖게 될 첨단 정보통신, 개인정보, 커뮤니케이션의 세계에 그가 입문한 순간이다.

"사주에도 한 가지 일만 하는 사람이 아니다라고 나오더라구요.(웃음) 제 삶의 터닝포인트는 마흔 살이었던 것 같아요. 그 무렵에 법원의 지원으로 미국에 유학을 갔나 오니까 정보법학회시에 논문 하나를 써보라는 권유가 있어서 쓰게 됐어요. 통신사가 음란사이트를 차단했는데, 그게 이용자들의 자유를 침해했다고 소송을 했던 사건이었는데, 그럴 때 사용자의 법익을 어떻게 보호할 것인가가 이슈가 되었죠. 그래서 제가 그 사건을 가지고 브라우징의 자유와 헌법적 가치를 주제로 한 논문을 써서 발표했어요. 통신사의 사이트 차단을 자유 침해로 보았던 거죠. 그러자 주변에서 다들 좀 갸우뚱하는 반응이었어요. 아무튼 그 논문이 계기가 되어 정보법학회라는 학회의 총무를 맡게 됐죠."

브라우징이라는 말조차 생소하던 시기였다. 인터넷 환경에서 사용자의 자유에 대한 문제를 짚은 것은 물경 20년 앞을 내다보는 판사의 비상한 통찰이었다. 그는 그 시기, 그의 삶에서 매우 중요한 자산이 되는 크리에이티브 커먼즈라는 비영리 단체와 인연을 맺는다.

"2003년인가 정보법학회에서 크리에이티브 커먼즈라는 비영리 단체에 관심을 갖고 사무총장을 초대해서 국제 컨퍼런스를 했어요. 인터넷 자유주의자인 하버드대 로렌스 레식 교수가 창립한 것인데요. 그가 하는 말은 인터넷 기반으로 앞으로 창작이나 발표의 기회도 많아지고 리믹스도 할 수 있게 될 텐데 기존의 저작권법이 이런 환경에 안 맞는다는 거였어요. 그러면서 저작권은 저작권자의 의사가 제일 중요하니까 저작권자를 설득해 저작권을 풀어주는 운동을 시작한 것이죠. 저작권자의 이름을 밝히거나 비영리로 쓰는 등 몇 가지 조건만 지키면 저작물을 무상으로 쓰게 하는 문화운동, 저작권을 약화시키는 사회적 운동을 벌인 거예요. 각 나라에 라이선스 버전을 만들려고 파트너를 찾고 있었는데 그 운동의 취지에 끌렸던 제가 그걸 맡게 되었어요. 그런데 재밌는 것은 저작권 전문가들이 가장 많은 오해를 했다는 거예요. 크리에이티브 커먼즈가 벌이는 운동의 핵심은 저작권을 부정하거나 부수는 게 아니었거든요. 저작권자들이 자율적으로 저작권을 풀어주자는 것이었으니까요. 그런데 일각에서는 사유재산을 부정하는 빨갱이 아니냐는 소리까지 들었어요. 하지만 그때 저는 법률가가 창의적인 일을 할 수 있다는 걸 처음 깨달았어요. 이런 운동이 확산되면 다양한 협업이나 융합이 가능해지거든요. 그 뒤로도 이 문제에 대해 꾸준히 공부를 했어요. 그 일로 제 삶이 바뀌었다고 해도 과언이 아니죠."

윤 변호사는 쉼없이 우리 사회 창의성과 다양성에 대한 자신의 관심과 저작권 공유에 대한 소신을 이야기했다. 그때 그의 인상은 다시 한번 변개해서 문화운동가, 게릴라 같은 이미지로 내게 다가왔다. 자유의 전사 같은 이미지였다고 할까. 그의 법률가로서의 정체성은 자유의 확대에 있는 게 아닌가 하는 생각도 들었다.

그런데 여전히 의문이 남는다. 법원은 보수적인 집단 아닌가. 그런데 그는 판사로 물경 21년을 근무하는 와중에 그런 바깥의 일, 가외의 프로젝트를 벌인 것이다.

"무언가 한 가지에 함몰되면 내가 원하는 삶을 사는 게 아닌 것 같았어요. 법원에서뿐만 아니라 무슨 일에 붙들리면 욕심을 부리게 되고 무리를 하게 되거든요. 친구들도 제가 판사를 1년 정도 하고 나올 거라고 했는데, 판사가 직업으로서는 좋은 직업이에요. 독립적으로 일하고 보람도 있으니까요. 그런데 당시만 해도 법원이 보수적이어서 판사는 법정에서만 말한다는 게 불문율이었고 저처럼 바깥 활동을 활발히 하는 판사의 선례가 없었어요. 결과적으로는 판사로서 커뮤니티에 참여해서 전문성을 갖추게 되는, 갖출 수 있다는 어떤 선례를 제가 보여준 거지요."

하지만 남이 가지 않은 길을 가는 이에겐 필연적으로 고독이 따라붙는다. 자발적 소외를 감행한 자라면 피할 수 없는 운명일 테다. 그 역시 마이너한 정서를 가지고 다양하면서도 사소한 분야의 이슈를 파고드는 동안 어지간히 외롭고 고단했으리라.

그에게 다시 판관 출신 법률가로서의 정체성을 가늠키 위한 질문을 던졌다. 어떤 시대적 경향이나 정파적 분위기에 부합하는 판결을 법원이 내리는 것에 대해 어떻게 생각하는지를. 내가 예로 든 것은 노동쟁의 같은 사건에서 법원이 심심찮게 노동친화적인 판결을 내리는 것이 혹여 정파적 고려가 아니냐는 것이었다. 그러자 뜻밖에 윤 변호사의 입에서 소신 발언이 나온다.

"사건이 일어난 입체적 상황, 결정이 미치는 영향 등을 세심하게 따져봐야 해요. 같은 사건은 하나도 없거든요. 노동의 문제 역시 복잡해요. 당사자들이 대등한 관계도 아니고 결정이 미치는 사회적 파장도 크거든요. 사건 당사자 중 예컨대 노동자 쪽 손을 들어줘서 노동 친화적인 판결을 했다고 단순히 비판할 수는 없다고 생각해요. 사건 기록을 가장 깊이 들여다본 판사의 판결에 다른 판사가 뭐라고 말해선 안 돼요. 법원의 문제는 그런 소신 판결에 있는 게 아니라 자신의 판결에 대해 지나치게 눈치를 보는 데 있다고 생각해요. 그냥 무난히, 어느 쪽으로부터도 욕을 안 먹으려는 태도가 문제인 거죠."

그러면서 그는 자신이 세계를 받아들이고 해석하는 기본 프레임을 설명한다.

"진영은 서로 사용하는 언어가 다르거든요. 그런데 세상 일이 그렇게 양단간으로 가를 수는 없다고 생각해요. 저도 판사 신분으로 비주류 쪽 이슈에 관심이 많았고 친교하는 사람들 중에는 좌파도 있고 우파도 있어요. 제가 판사로 있을 때 맡았던 사건 중 청각과 언어에 장애를 가진 농아가 자기를 불심검문하는 경찰에게 불응하고 경찰관을 폭행하려고 해서 공무집행방해로 기소가 된 사건이 있었어요. 1심에서도 유죄가 나왔죠. 그런데 제가 법정에서 보니까 농아의 언어가 우리와는 다른 거예요. 자신의 의사를 표현하는데, 그게 뜻대로 안 되고 답답하니까 자연히 제스처가 커지고 얼굴도 붉으락푸르락해지고 그러는 거예요. 장애가 없는 사람들 입장에서 보면 그게 폭력적인 것으로 보일 수 있는데, 같은 농아 입장에서 보면 자연스러운 의사표현일 수 있다는 거죠. 그래서 제가 무죄 판결을 내린 사건이 있었어요."

최근 그는 인디밴드들의 공연을 지원하는 프로젝트를 주도한 일로 매스컴을 탔다. 이것 역시 다양한 커뮤니티에 대한 관심과 참여에서 비롯된 것이라고 했다.

"커뮤니티는 장벽이 느슨해서 누구나 자연스럽게 드나들 수 있고 자연스럽게 타인의 생리와 정서를 이해하고 상호 신뢰를 쌓을 수 있는 장점이 있어요. 코로나 대유행 때문에 여러 공연들이 모두 중단되었는데, 클래식 쪽이 상당히 심했어요. 그쪽엔 비즈니스 모델 자체가 없거든요. 대관도 자비로 해야 하고, 또 특유의 보수적인 성향 때문에 유튜브에 뭘 올리지도 못해요. 그래서 클래식을 지원하는 모임을 하다가 인디밴드에 관심이 갔어요. 한국예술위원회에서 정의하는 예술에는 대중음악이 포함되어 있지 않아요. 법적인 틀로는 지원하는 게 어려웠죠. 그래서 후원도 받고 표를 팔아서 재원을 마련해 온라인 공연을 기획했어요. 티켓을 판매한 돈만 수천만 원에 달했죠. 저와 아티스트와 플랫폼을 제공하는 친구와 기획해서 그런 일들을 했던 거죠. 이것 역시 문화 다양성에 대한 관심이 있었기에 가능한 일이었어요."

윤종수 변호사에게 근미래에 세워둔 특별한 계획이 있느냐고 물으니 의외로 내년에 자신의 환갑잔치를 하고 싶다는 말을 들려준다. 그는 예전부터 어머니에게 자신의 환갑잔치상을 직접 차려달라는 말을 했단다. 그걸 내년에 하겠다는 것이다. 자, 이게 무슨 셈속일까. 윤 변호사가 동생에게서 들은 이야기인데, 어머니와 함께 동생이 은행에 갔는데, 윤 변호사가 그간 용돈으로 드렸던 돈을 고스란히 통장에 모아두고 아들의 환갑잔치에 쓰려고 했다는 것이다. 그 어머니에게 환갑잔치를 해달라고 요청한 건 아들이다. 어머니가 아들의 환갑잔치를 열어주려면 일단 그 날까지 건강하게 구존해 계셔야 한다. 그러니 아들은 환갑잔치상을 차려달라는 말로, 어머니의 장수와 건강을 계속 염원한 것일 테다. 어머니에게 자신의 환갑잔치상을 차려달라는 그의 응석어린 위트가 슬프면서도 갸륵하고 또 감동적인 것은 그 때문이다.

그는 후배 변호사들과 밴드를 하고 있는데 자신은 기타를 맡고 있다고 했다. 밴드 명이 크레이지 코드(미치는 법)란다. 미치지 않고서야 그렇잖아도 편견으로 가득 찬 세상에서 그의 모험이 가능할 리는 없다. 그는 미친 척 편견 없는 세상의 자유를 꿈꾸는 고귀한 안티히어로다.

「법률신문 2023년 6월 5일자 게재」

이 사람을 보라, 인간적인 너무나 인간적인 변호사

김재련

법무법인 온세상 대표변호사

김재련 변호사(50·사법연수원 32기)는 '노랑머리' 변호사라는 멸칭적 수사와 함께 근년 우리 사회에서 가장 뜨거운 오해를 받고 있는 사람 중 하나다. 보통 공인이 감수해야 하는 오해는 적대적으로 편향된 집단으로부터 나오는 것이 일반적인데 김재련 변호사가 사고 있는 오해는 공히 우리 사회 기득권을 양분하고 있는 양대 정치세력으로부터 쏟아지는 것이어서 꽤 의미심장하다. 그런데, 내 눈에는 이 양쪽 진영으로부터 받는 오해야말로 김재련 변호사의 그간의 삶의 성질을 극적으로 방증하는 걸로 보인다.

강릉여고와 이화여대 법대를 졸업한 **김재련 변호사**는
2000년 제42회 사법시험에 합격했다. 2003년부터 변호사로 활동했다.
2013년부터 2년간 여성가족부 권익증진국장을 지냈고
2015년부터 법무법인 온세상 대표변호사를 맡고 있다.

잘 알려졌다시피 김재련 변호사는 성폭력 사건의 피해자를 대리하고 그들을 지원하는 데 (올해로 21년 차를 맞는) 변호사 커리어의 대부분을 썼다. 여성을 사회적 약자로 간주하고 그들의 인권을 증진하고 보호하는 일을 소명으로 삼다 보니 남성중심주의나 가부장제에 물든 보수우파 세력이 곱게 봐줄 리 없었다. 사회적 약자 편에 선다는 동일한 입장에서 박원순 성폭력 피해자를 지원했더니 이번에는 그것을 정치적 문맥으로 함부로 오독해버린 진보좌파 세력으로부터 호된 비판과 오해를 받았다.

이쯤 되면 김 변호사가 받고 있는 오해는 어느 한 편에 서지 않고 진실만을 좇았던 것에 대한 '훈장'이며 영예인 셈이다. 나는 그의 야무진 눈매와 불필요한 잡음이 없는 말씨를 접하면서 단단한 결기와 함께 드높은 자존감을 느꼈는데 그 바탕이 궁금했다. 어떤 성장 과정을 겪었는지를.

"강릉 시골에서 나고 자랐어요. 저희 집은 농사를 지었는데, 아버지는 노는 것을 좋아해서 집안일을 많이 안 하셨어요. 제가 노래하고 술 마시는 걸 좋아하는데 그건 아버지 영향인 것 같아요.(웃음) 1남 4녀 중 막내인 저는 아버지로부터 그리고 형제들로부터 많은 사랑을 받았어요. 저는 식솔들을 잘 건사한 엄마가 정말 대단하신 분이라고 생각해요. 넉넉하지 못한 집안 형편 때문에 언니·오빠들이 일찍 학업을 마치고 돈벌이 전선에 나갔는데 명절에 집에 오실 때마다 막내인 저에게 한 아름 선물을 안겨주셨어요. 특히 둘째 언니는 집안에 부담을 주기 싫어 중학교 시험을 아예 안 봤어요. 자기까지 진학하면 위의 오빠와 언니가 제대로 공부를 못할 거라 생각한 거죠. 그러곤 서울에 올라가 공장에서 미싱 돌리는 일을 했어요. 그렇게 번 돈으로 부모님께 논도 사드리고 그랬어요. 그리고 셋째 언니는 어릴 때의 사고로 몸이 좀 불편한 분이었는데, 엄마가 그러셨어요. 너는 둘째 언니와 셋째 언니 형부에게 평생 잘해야 한다고요. 그러니까 기꺼이 희생한 사람과 상대적으로 불편한 사람에게 마음을 쓰고 그들 편에 서야 한다는 걸 깨우쳐주신 거죠."

여기까지 듣고 김재련 변호사의 자존감이 왜 드높게 느껴졌는지를 비로소 깨달았을 수 있었다. 가족공동체의 좋은 전통과 따뜻한 유대의 분위기가 살아 있는 집안에서 사랑을 듬뿍 받으며 서로 배려하는 경험을 통해 김 변호사는 선의와 진심만 잃지 않으면 어디서든 당당할 수 있다는 걸 체화했을 터다. 연이어 물었다. 그런 전통적인 시골 향리에서 사법시험에 합격하고 변호사가 되었다면 선민의식 같은 게 들었을 법도 한데, 그런 욕망은 어떻게 통제했는지를.

"가족들은 변호사가 되니까 뿌듯하고 자랑스러워하셨어요. 그런데 저는 '나는 변호사야'라는 생각을 한 번도 해본 적이 없어요. 제가 원래 추운 걸 싫어하고 자유로운 걸 좋아하는데, 실내에서 일하고 근무 시간도 유연한 변호사가 그런 저에게는 정말 다행스러운 직업이라는 생각만 들었죠. 예컨대, 어느 날 흰머리가 눈에 띄어서 검은색으로 염색을 했는데, 또 금방 티가 나고 별로 오래 가지 않더라구요. 그래서 노랑머리로 염색을 했는데 이렇게 해도 눈치를 볼 필요가 없잖아요. 판사와 검사라면 아마 이렇게 못했을 거예요."

김 변호사의 말인즉, 변호사라는 직업이 사회적인 권위와 힘을 가진 신분을 보장하는 직업이 아니라 자신의 기질과 정서에 따라 선택한 직업일 뿐이라는 것이다. 해온 이력으로 보아 거창한 직업관이 나올 줄 알았는데 이토록 단출하면서도 소박한 멘트라니.

김 변호사의 커리어에서 눈에 띄는 게 하나 있는데, 박근혜 정부 시절이었던 2013년 여성가족부 권익증진국 국장으로 들어가 2년간 일했던 경력이다. 그런데 그때 정치인과 시민단체 사람들에게 적잖이 실망했다는 이야기를 들은 적이 있다. 그게 어떤 사연인지 들려달라고 했다.

"전에는 사실 막연히 국회의원들에 대한 동경이 있었어요. 그런데 공직에 들어가서 직접적으로 그들을 상대해보니 좀 폭력적이고 공부가 충분히 안 되어 있다는 인상을 받았어요. 그들 스스로 강조하는 삼권분립을 인정한다면 입법부의 구성원으로서 행정부 소속 공직자들을 존중해줘야 하는데, 그런 분위기가 없고 호통이나 야단을 치는 걸 보면서 실망스러운 마음이 들었죠. 저는 이런 분위기는 반드시 바뀌어야 한다고 생각해요. 제가 여가부에서 관심을 기울인 일은 전시 성폭력 피해자인 위안부 할머니들을 우리 사회가 제대로 보호하기 위해 정부 차원의 방안을 모색하는 일이었는데, 이야기를 나눠보면 의원들이 개념이나 어휘를 오해하고 오독하는 경우가 많았어요. 저는 위안부 문제가 처음 세상에 알려지는 데 시민단체의 역할이 정말 컸다고 생각해요. 그런데 20세기 최대규모인 전시 성폭력 피해자를 돕기 위해 운영되는 단체라면 정부 부처와 (좌우 이념 상관없이) 긴밀히 협력해야 하는데, 그걸 정파적으로 접근해서 상당히 비협조적이고 모순적인 태도를 취하는 걸 봤어요. 당시 할머니들 이야기를 유네스코 세계기록유산('세계의 기억')으로 등재하기 위해 국가기록물을 만드는 작업을 추진했는데, 관련 자료를 가장 많이 가지고 있는 그 단체가 협조를 거부하는 거예요. 이건 피해자 중심주의가 아닐 텐데 이런 생각이 들더군요. 할머니들이 그런 단체의 눈치를 보시는 걸 보면서 마음이 아팠어요."

내 생각에는 박근혜 정부 때부터 상대 진영을 악마화하고 적대화하는 우리 사회의 진영 논리가 심화되었는데 하필 그 시절 정부 조직에 참여하면서 김재련 변호사는 상대 진영으로부터 찍어내야 할 공적으로 찍혔던 셈이다. 이것 말고도 박원순 시장 피해자를 지원하는 건 등으로 김 변호사는 좌표로 찍혀 수차례 조리돌림을 당했다. 그 지옥과도 같은 상황을 어떻게 견디고 돌파했는지, 그 내면의 저력이 무엇인지 궁금했다.

"해야 하는 일이 항상 있고, 또 가족이 있으니까요. 어떨 때는 인적 없는 데 들어가 푹 쉬고 싶다는 생각이 들 때도 있지만 당장 사건이 있고 재판정에 나가야 할 일이 있고, 꾸려가야 하는 사무실과 가족이 있잖아요. 제가 처해 있는 상황이 주는 고통에 골몰하거나 침잠할 여유조차 없었던 거죠. 어떨 때는 휘청거릴 정도의 아주 큰 펀치가 날아올 때도 있지만 아이들도 키워야 하고 챙겨야 할 구성원도 있고 계속 끌고 가야 하는 삶이 있는 거예요. 저들이 킥킥거리며 '노랑머리' 어쩌고저쩌고해도 제가 거기에 장단을 맞춰줄 만큼 한가하지 않았던 거죠. 삶은 그야말로 전쟁이거든요."

보통, 문학을 하는 사람들이 삶의 총체적 진실을 문학적으로 받아들이면서 하는 말이 "문학은 온몸으로 밀고 나가는 것"이라는 것이다. 내가 볼 때 김 변호사야말로 자신의 삶을, 그 삶이 지향하는 진실을 위해 온몸으로 밀고 나가는 사람이다. 정략적으로 셈을 하거나 좌고우면하지 않고 뚝심으로, 진실이라는 거인의 어깨에 앉아 관성으로 그냥 나아가는 사람. 김 변호사에게 살아오는 동안 수많은 선택과 결정의 순간에 직면했을 때, 그러니까 그것을 받아들이거나 물리치는 판단을 해야만 할 때 가장 우선적으로 적용한 기준이 무엇인지 물었다.

"나 자신에게 설명할 수 있는 것이면 하는 쪽을 택했어요. 나 스스로에게 쪽팔리지 않고 그 상황에서는 그렇게 할 수밖에 없지 않냐고 나 자신에게 설명할 수 있으면 그걸 하겠다고 결정했던 거죠. 저는 완벽한 인간이란 없다고 생각해요. 제가 피해자 지원을 해왔다고 해도 제가 완벽하거나 무결한 인간이라고는 생각하지 않아요. 그렇지만 언제든지 내가 이러이러해서 내가 이러이러한 결정을 하고 이런 일들을 했습니다,라고 설명할 수 있다면 제 행위에 부끄러워하지 않아도 된다고 저는 생각해요."

상투적인 질문에 의도하지 않았던 빛나는 현답이 돌아왔다. 이게 왜 현답이냐면 자기 자신을 설득하고 설명할 수 있어야 비로소 타인도 설득할 수 있다는 걸 부연하는 것이니까. 자기 자신조차 설명하지 못한다면, 어떻게 가족이나 구성원들을 설득하는 게 가능할까.

김 변호사처럼 공익을 위해 애쓰는 법률가들의 헌신 덕분에 지난 수십 년 동안 우리 사회의 법안이나 정책이 사회적 약자나 인권 보호를 강화하는 쪽으로 더디게나마 진화해온 게 사실이다. 그런데 내가 보기에 사회 여러 층위에서 갈등지수는 조금도 줄어들지 않았고 개인이 느끼는 행복지수는 바닥을 치고 있는 것만 같다. 그 원인이 어디에 있다고 보는지 물었다.

"사회의 여러 시스템이나 기술환경이 빠르게 변하는데 인간이 그 속도를 따라가지 못하는 측면이 있는 것 같아요. 쉼을 갖지 못하고 그걸 따라가느라 늘 허덕이는 거죠. 인간의 몸이나 지각은 기술과 달리 어느 순간 폭발적으로 업그레이드되지는 못하잖아요. 그러다 보니까 갈등이나 스트레스를 체감하는 빈도나 강도가 는 것 같아요. 그리고 IT 기반 환경으로 SNS 등을 통해 타인의 삶의 형편을 시시각각 들여다볼 수 있으니까 욕망도 그에 따라 증폭되는 것 같구요."

현재 정부는 검찰총장을 지낸 이가 수반을 맡고 있고, 지난 정부는 변호사 출신이 대통령이었다. 이처럼 법률가 출신들이 정치를 하고 권력을 갖는 풍토에 대해 어떤 생각을 가지고 있는지 궁금했다. 법률가가 정치를 할 때 장점과 단점이 각각 무엇인지.

"법조 출신이 정치를 할 때의 장점은 상대적으로 학습 능력이 빠르고 기본적으로 성실한 면이 있어서 우리 사회의 구조적 문제를 파악하고 합리적인 정책을 만들어 해결하는 데 효율적이라는 걸 들 수 있는데요. 그런 장점이 될 수 있는 요소가 우리 정치에서는 그닥 잘 쓰이고 있진 않은 것 같아요. 법조인들은 똑똑하고 공부를 잘했기 때문에 학교나 사회로부터의 환대와 대접을 받는 것에 익숙하고 그러다 보니 자신이 가진 권력을 사유화하고 점점 더 큰 권력을 가지고 싶은 욕망의 유혹에 노출되어 있는 거예요. 정치는, 약한 사람은 돕고 또 강한 사람은 그 힘을 조금 덜 쓰게 하는 섭리가 필요한데, 정치에 필요한 그런 철학적 마인드가 부재한 거죠."

예리하고 적확한 지적처럼 들린다. 법률가 출신 일부 정치인들이 법에 대한 전문적 지식을 계급적 우위로 인식하고 그것을 기능적으로, 그리고 배타적으로 적용하면서 권력을 취하고 이를 통해 사익을 꾀한 측면이 분명 있기 때문이다. 그런데 사실 김재련 변호사 역시 그의 집요한 비판 세력으로부터 의심과 공격을 받고 있다. 정치를 하려고, 공천을 받고 국회의원이 되려고 그런 일들을 해 온 것 아니냐고. 다소 불편할 수 있지만 그의 솔직함에 기대 이에 대한 그의 입장을 확인하고 싶었다.

"저는 사실 정치에 관심이 없어요. 그런데 또 그렇게 말해주고 싶지도 않아요. 그냥 남의 일보다는 자기들 일에나 집중하라고 말해주고 싶어요. 저와 아무 교류도 없고 알지도 못하는 사람들이 제 일을 저보다 먼저 단정 짓고 이러쿵저러쿵하는 거예요. 사람은 누구나 자기가 원하는 것을 어느 상황에서도 자유롭게 결정할 수 있고 그 권리는 침해되지 않아야 한다고 생각해요. 우리 공동체가 조금 더 나은 세상이 되는 데 내가 할 수 있는 일이 있다면 그리고 그 일이 저의 정체성에 위배되지 않는다면 저는 그걸 할 거예요. 그런데 그것이 어떤 방식인지는 알 수 없고 저 역시 궁금해요. 그게 책 쓰는 일이든, 가르치는 일이든, 공직이든, 방송이든 미지의 영역인 거죠."

이 인터뷰는 사실 얼마 전에 나온 김재련 변호사의 첫 번째 책《완벽한 피해자》가 모티프가 되어 이뤄진 것이다. 김 변호사가 맡았던 일련의 사건들을 담은 이 책에는 대중들에게 잘 알려져 있는 김 변호사의 대표적 커리어 두 가지가 빠져 있는데, 박원순 성폭력 사건이 그 하나이고 위에서 잠깐 언급한 여성가족부 권익증진국장으로 일할 때 위안부 할머니 지원 과정에서 겪었던 이야기가 그것이다. 김 변호사 말로는 피해자 지원을 하면서 사람들에게 전하고 싶은 메시지를 정치적 함의나 오해 없이 온전하게 전달하는 데 집중하기 위해 출판사와의 협의 하에 뺐다고 한다. 아마도 다음 책에서 이번 책에 빠진 이야기들이 담기게 되지 않을까 싶다. 김 변호사는 성별과 나이를 떠나서 사회적 약자와 피해자에 대해 편견을 가진 분들이 자기 책을 읽어주길 바란다고 말했다.

마지막으로 김 변호사에게 길들지 않은 얼룩말 같은 세 아이에게 집에서 가장 자주 해주는 말이 무엇인지 물었다.

"어렸을 때 세 아이를 재울 때마다 '사랑해, 머리끝에서 발끝까지 하늘만큼 땅만큼 바다만큼 우주만큼 사랑해. 멋쟁이가 되어라. 몸도 멋쟁이 마음도 멋쟁이 말씨도 멋쟁이 행동도 멋쟁이가 되어라'고 했어요. 건강할 것이며, 다른 사람과 공감하고 배려할 것이며, 거친 말을 하지 말 것이며, 매너가 좋은 사람이 되라는 거였죠. 그리고 시간은 1초도 뒤로 못 돌리니까 시간을 낭비하지 말고 자기 삶을 살라는 말도 자주 해요. 동등하고 대등한 관계도 강조하구요. 엄마와 아들 관계지만 서로 느끼는 감정과 생각을 솔직히 주고받는 게 좋다고 생각하거든요. 남편은 부모에게는 위신도 필요하다고 하는데, 저는 생각이 좀 다르죠.(웃음)"

김재련 변호사는 이 '멋쟁이'를 자신을 잘 관리할 줄 알고, 주변 상황을 감각적으로 이해하고, 타인을 배려하고 공감할 줄 아는 사람이라고 설명한다. 여기에 내 생각을 보태면 어디서든 부끄럽지 않을 수 있고, 눈치 보지 않을 수 있고, 그리고 무엇보다 자기 자신이 누군지 애써 설명할 필요가 없는 자유로운 이를 가리키는 것 아닐까. 인간적인 너무나 인간적인 근원에 가까운 존재. 그이가 바로 여기에 있다.

「법률신문 2023년 4월 10일자 게재」

자신을 희생한 사람과 상대적으로
불편한 사람에게 마음 쓰고 그들 편에 서야 한다는
엄마의 가르침

서로 배려하는 경험 통해
선의·진심 잃지 않으면 어디서든 당당할 수 있어

법의 정신은 실존주의…
휴머니즘과 맞닿아 있어

법조계 '봉사의 왕'

오윤덕

변호사

집안 얘긴 처음 털어놓는 거라고 했다. 1950년 만 여덟 살의 소년은 서울 종암동 관사에서 서울상대 교수인 아버지와 평양 숭의여전 출신 어머니 슬하에서 평탄하게 삶의 유년기를 보내고 있었다. 집에는 오르간이 있었다고. 그러던 어느 날 전쟁이 터지고 국립대 교수인 아버지는 급히 몸을 피하면서 가족에게 먼저 한강을 건너 남쪽으로 피난을 가라고 이른다. 이렇게 가장이 없는 4인 가족은 한강을 건너기는 하였으나 전선은 이미 그의 가족을 앞질러 남으로 내려가 버린다. 피난길을 돌려 아버지가 있는 서울로 돌아오기 위해 다시 나룻배로 한강

오윤덕 변호사는 1971년 제13회 사법시험에 합격해 1973년 대구지법에서 법관 생활을 시작했다. 대전지법 부장판사, 사법연수원 교수, 서울지법 부장판사 등을 지낸 뒤 1994년 변호사로 개업했다. 이후 대법원 공직자윤리위원회 위원, 법무법인 송백 대표변호사, 서울법대장학재단 이사장, 사회복지공동모금회시민감시위원장 등을 역임했다. 오 변호사는 2003년 서울 신림동 고시촌에 제도권 밖 청년들을 위한 열린 쉼터 '사랑샘'을 설립해 운영했다. 쉼터는 현재 '재단법인 사랑샘'으로 이어져 법률복지 전반에 걸친 사회공헌 활동으로 사회적 소명을 이어가고 있다.

을 건너게 된다. 뜨거운 뙤약볕이 지글지글 타오르던 그해 7월 초 강변에서 소년은 구토를 유발하는 악취와 함께 참혹하게 썩어가는 주검을 목도한다. 그 순간 비명과도 같은 정적과 함께 조숙한 소년의 삶은 멈춰버렸을 거라고 나는 추측한다. 그리고 그 작은 육신 안에 감당할 수 없는 크기와 중량을 가진 영적 통찰이 들어왔을 거라고도 추정한다. 인터뷰를 마친 시점에서 미리 언급하면 이후 오윤덕 변호사(80·사법연수원 3기)의 삶은 그 유년의 음화(陰畫)를 다시 읽어내는 치열한 수행처럼 보인다.

"영화로 봐도 참 끔찍하게 느껴질 일인데, 그걸 두 눈으로 본 거예요. 지옥이 있다면 이런 게 아닐까 싶었어요. 어머니는 더는 보지 말라면서 내 눈을 손으로 가려주셨죠. 그 어머니의 손바닥을 지금도 잊지 못해요."

어린 아들의 영혼이 상처받을까 비참한 현실을 손으로 가려준 어머니는 당시 임신중이었는데, 아이를 낳자마자 삶을 마친다. 그때 나온 아이도 영아 때 하늘나라로 갔다고. 이게 과연 소년 시절에 겪을 만한 일인가. (나 같은 전후 세대는 여기서부터 오 변호사 세대에게 실존적 열등감을 느낀다.) 1950년대는 '실존주의'가 세계지성계를 휩쓸던 시기였다. 2차세계대전의 참화를 경험한 지식인과 작가들이 본능적으로 인간이 존재하는 근본적인 이유와 가치를 찾으려 했던 것. 그 지적 경향에 인본을 중심에 둔 휴머니즘이 보강된 건 자연스러운 일이었다. 영민했던 소년 역시 그때 막연하게나마 실존적 질문과 휴머니즘의 정서를 내면에 깊이 장착하게 된다.

전쟁이 끝나갈 무렵 정신적 내상을 입은 아버지는 고향인 제주도로 낙향해 교육에 헌신하는 쪽을 택했단다. (이후 아버지는 국립 제주대학교 개교 작업의 산파가 되고 이후 그곳에서 정년을 마친다) 소년 오윤덕도 제주도의 초등학교로 전학해 수업을 계속하며 중학교와 고등학교를 마친다. 당시 제주도엔 부모를 잃어버린 전쟁고아들이 많았다. 1000명 이상 내도하였는데 다니던 중학교는 한 반에 5~6명 이상이었고 문제도 곧잘 일으키곤 했다. 그런데 명문가의 자제랄 수 있는 오윤덕은 무람없이 이들에게 스며들었다.

"선생님들은 다 이상하게 생각했죠. 아버지가 인텔리인 아이가 고아원 아이들과 어울리니까요. 당시 고아들은 학교 안에서도 밖에서도 보살핌을 못 받았는데, 저는 그걸 그냥 지나칠 수가 없었어요. 그러다가 한 친구가 사고를 쳐서 구속된 적이 있었는데 제가 아버지에게 이 친구를 살려달라고 애원했어요. 지금 생각해보면 아버지가 검찰에 이 친구의 신원보증인이 되었던 것 같아요. 그 친구가 석방이 되고 아버지께 고맙다고 인사를 오자 아버지는 내게 감사할 일이 아니라 검사님께 감사하고 그분 앞에서 평생 다시는 죄를 짓지 않겠다는 다짐을 하는 것이 중요한 도리라면서 친구와 저를 데리고 검찰청엘 갔어요. 그런데 검사님을 보는 순간 지은 죄도 없는 제가 덜덜 떨리는 거예요. 검사님은 바르게 살고 공부 열심히 하라고 질정을 하셨는데, 검찰청을 나오면서 아버지에게 즉흥적으로 말했어요. 저 꼭 검사가 되겠다고요. 고아들이 무슨 죄가 있냐고, 다 전쟁 때문 아니냐고요."

물경 70년 동안 맺힌 응어리였을까. 이 일화를 들려주는 오 변호사의 눈이 일순 붉어지더니 곧 눈물이 핑 돌았다. 예상치 못한 일이었다. 그는 고아 친구들을 지나칠 수 없었다고 말했는데, 아마 그 말은 외면하려 했지만 그게 잘 안됐다는 말로 수정되어야 할 것이다. 인간의 삶에는 저마다 연민이나 동정의 총량이라는 게 있을 텐데 오윤덕은 애초 태어나길 너무나 큰 연민을 안고 태어난 것. 존귀한 영혼은 신에게 점지된다는 말을 나는 믿는다. 그가 법률가의 길을 걷기로 한 이유 역시 그 연민을 질서 있고 조화롭게 분배할 수 있는 길이 법에 있다고 보았던 때문은 아닐는지. 그래서 그날 벼락처럼 다가온 삶의 소여를 깨닫고 그것에 귀의를 했던 건 아닐까.

"대학에 들어갈 즈음 우리 세대는 4.19와 5.16을 경험했고 당시 문맹률은 60퍼센트에 달했어요. 저는 서울대 법대에 들어갔지만 물리칠 수 없는 삶의 신비에 대한 응시와 관찰을 게을리 할 수 없었어요. 그래서 최재희, 안병욱, 김형석 등 쟁쟁한 교수들의 철학 수업을 들었죠. 그때 함께 지적 세례를 받은, 나중에 다양한 분야에서 입지전적 삶을 살아낸 친구들도 만났구요. 특히 칸트 철학의 권위자였던 최재희 교수의 경우엔 댁에까지 찾아가는 등 각별한 사제 관계를 맺었어요. 그때의 영향으로 교우들과 함께 〈한국휴머니스트학생회〉라는 문화계몽운동 모임을 만들어 지적·문화적 훈련을 하기도 했죠. 철학 소고 〈새로운 인간상의 창조〉를 써서 상을 받기도 한 것도 그 즈음 일이에요."

오윤덕 변호사는 익히 알려진 바 법조계에서는 '봉사의 왕'으로 불리며 존경을 한몸에 받는 원로다. 판사직을 마친 후 자신의 젊은 날처럼 시험에 떨어져 제도권 밖에서 힘겹게 학업을 이어가는 청년들을 위해 지난 2003년 평생 모은 재산 5억 원을 들여 신림동 고시촌에 100평 건물 세를 내고 사비로 운영하는 '이 땅의 청년들을 위한 열린 쉼터 사랑샘'을 열었던 것. 이후 청년 세대를 위한 그의 봉사와 헌신은 계속됐고 많은 청년들의 삶을 흔들어 깨우고 일으키는 사역을 이어왔다.

그러던 중 2011년 2월 사랑샘이 입주해 있던 건물이 재건축으로 철거되는 바람에 고시촌을 떠나게 된다. 이후 오 변호사가 마련했던 사랑샘의 기본 자산은 2012년 2월 대한변호사협회 산하 재단법인으로 재탄생되고, 2015년 11월에는 법인명을 '재단법인 사랑샘'으로 바꿔 대한변협으로부터 독립하게 되었고, 사랑샘의 사회공헌 실천정신은 이에 뜻을 같이하는 변호사와 공익변호사 그리고 후원자들의 동참에 힘입어 그 활동영역을 법률복지 전반으로 확장시키며 오늘에 이르게 되었단다.

"사랑샘이 신림동 고시촌을 떠난 2011년 무렵까지도 '사시 낭인'의 방지가 주요 제정 목적 중 하나였어요. 그런데 로스쿨 제도가 도입되었고 '법학전문대학원 설치·운영에 관한 법률'에 따라 변호사 시험도 '자격시험'으로 보고 5년 동안 5회만 허용하고 이후 응시를 금지하는 '오탈제'를 채택한 거예요. 이 제도에 따라 더 이상 변호사시험을 칠 수 없게 된 사람을 '오탈자'라고 부르고 있죠. (오 변호사는 이 용어가 적절한지에 관하여는 의문이 있으나 세간에서 통용되고 있어 부득이 이 용어를 차용함을 양해바란다고 밝혔다.) 내 관심은 자연스럽게 이들에게 옮겨갔어요."

그리하여 오윤덕 변호사는 지난해 12월 '새로운 꿈을 긷는 마중물'이라는 이름의 프로젝트를 시작했단다. 오탈자로 상처받은 청년들에게 1인당 200만원의 마중물 지원금을 지급했던 것. 지원 대상자는 지원금으로 어떤 활동을 할지 계획서를 제출하기만 하면 된다고 했다. 활동 내용은 견문을 넓히는 여행을 가거나 새로운 진로를 위한 공부에 투자하는 등 전적으로 지원자가 자유롭게 정하면 된다고. 다만 지원금을 통한 활동과 결과를 정리하는 에세이를 형식이나 분량에 상관없이 써야 한다고 했다.

"초등학교 시절부터 성실과 열정을 다 바쳐온 청년들이 변호사 시험에서 '오탈'이라는 혹독한 제도적 멍에를 짊어지고 다시는 기회가 주어지지 않는, 제도적 출구가 보이지 않는 참담한 현실에 절망하며 무기력하게 방황하는 걸 그냥 두고 볼 수는 없었습니다."

그는 사전에 건넸던 질문 내역이 무색하게 80년 생애가 응축한 서사를 자신만의 문법으로 풀어놓으며 그 속에 세인들이 궁금해할 만한 것들을 하나하나 빠짐없이 짚었는데 그것이 내게는 마치 필경사의 연금술처럼 느껴지는 것이었다. 지성과 감각, 문학적 직관, 인문적 감수성 등을 자기 몸 안에서 일체화한 사람만이 일으킬 수 있는 감응력을 느꼈다고 할까. 그에게 법률가가 안 되었다면 틀림없이 시인이나 소설가, 혹은 종교철학자가 되었을 것 같다고 하니 그도 부인하지 않았다. 그의 이야기는 다시 삶으로 돌아갔다. 원시반본(原始返本)의 궁극을 보여주는 인간의 삶에 대해.

"이만큼 살아보니 인간의 삶이라는 게 죽음을 걸고 해야 한다는 걸 깨달았어요. 거기에 선한 인간성이 바탕이 되어야 하고요. 제가 평생 숙고했던 휴머니즘이나 실존주의는 법이 지향하는 가치와 만날 수밖에 없어요. 헌법학을 보면 Human Rights를 근간으로 하고 있어요. 그게 다 휴머니즘과 실존주의 가치와 연결되는 거잖아요. 그런 정신에서 적십자를 창설한 앙리 뒤낭이 나오고 슈바이처 같은 사람이 나오는 거예요. 혼자 사는 삶은 의미가 없고 타인과의 공생이 곧 나를 살리는 것인데, 타인의 상처를 위로하는 가장 좋은 방법은 같이 울어주는 것뿐이라는 것도 80년을 사는 동안 깨달은 치유의 은총이에요."

어른이 사라진 시대라고들 한다. 청년 세대들은 사표로 삼을 만한 어른이 없다고 자조한다. 그런데 여기 살아 있는, 허공에 대고 피맺힌 기침을 하는, 풀처럼 일어나는 어른 한 사람이 있다.

「법률신문 2022년 10월 10일자 게재」

진중하게 자기자신을 대면하는 열정

위재민

키움히어로즈 대표이사

그는 고척스카이돔 키움히어로즈 구단사무실 내 자신의 집무실에서 인터뷰어를 맞았다. 나는 야구라는 스포츠가 그런 것처럼 그가 화려하면서도 역동적인 캐릭터이지 않을까 상상했는데 그 상상은 만나자마자 곧 깨졌다. 그는 지나칠 정도로 신중하고 진지한 사람이었다. 그가 보여준 정적인 질서는 그가 입고 있던 야구단 로고가 새겨진 스포티한 재킷과 대비되어 더욱 도드라졌다. 허투루 들리는 췌언 같은 게 한마디도 없었다. 위재민(65·사법연수원 16기) 대표이사는 자신의 선친이 월남민이라고 밝혔다. 전란 때 생활의 기반을 전부 북쪽에 두고 맨주

서울 배명고와 연세대 법대를 졸업한 **위재민 대표이사**는 1983년 제25회 사법시험에 합격했다. 연수원 수료 후 서울지검 남부지청 검사를 시작으로 법무부 특수법령과 검사, 인천지검 부부장검사, 인천지검 부천지청 부장검사, 전주지검 정읍지청장, 광주지검 형사1부장검사 등을 지냈다. 2010년 변호사로 개업해 법무법인 동인 등에서 활동했으며 2022년 3월부터 키움히어로즈 대표를 지내고 있다.

먹으로 내려와 경기도 연천에 정착했다는 것이다. 그곳에서 비록 넉넉하지 못한 환경에도 자신과 형과 누나 삼남매를 바르게 훈육했다고 했다. 그러니까 그는 실향민의 아들이었던 것. 아마도 그의 내면 속에는 뿌리뽑힌 방외인으로서 자신을 지키고 보호하는 감각과 윤리의 체계가 들어서 있었으리라. 그것이 바로 진중한 언변과 방정한 품행이었을 것이다.

그는 법대에 진학하고 사법시험을 패스하고 연수원을 나온 후 검사로 임용된다. 23년간 몸담았던 검찰을 나온 이후에는 변호사로 일하다가 작년 2월 키움히어로즈의 대표이사로 부임한다. 우선 그 계기와 과정이 궁금했다.

"제가 대표이사로 근무하는 프로야구단 키움히어로즈는 다른 아홉 개 구단과는 달리 대기업이 모체가 아니라 개인주주들로 구성된 주식회사 서울히어로즈라는 법인이 소유하고 있는 구단이고, 키움증권 주식회사와 메인스폰서 계약을 맺고 있는 사이인데요. 제가 대표로 오게 된 데는 대주주인 이장석 전 대표와의 인연이 계기가 되었어요. 10년 전쯤 친한 지인의 소개로 알게 된 분인데, 그분에게 법률적인 조언과 자문을 하기도 했죠. 그분이 어느 날 제게 대표이사직을 제안했어요."

그때 그는 그 제안을 고민 없이 덥석 받아들이진 않았다고 했다.

"생소한 일이기 때문에 당연히 고민을 했죠. 그래서 이장석 전 대표에게 내가 할 수 없는 일을 원하면 곤란하다고 말했어요. 그러니까 이 대표가 회사를 안정적으로만 운영해주면 된다고 하더라구요. 그 말을 듣고 새로운 일에 대한 흥미도 있었고, 지금까지 법조인으로, 그리고 공기업 감사로 쌓아온 지식과 경험이 그 일을 수행하는 데 좋은 자산이 될 것이라는 믿음이 있어 그 제안을 받아들이게 되었어요."

야구는 매우 디테일한 룰이 있는 스포츠다. 룰을 지키지 않으면 퇴장도 당하고 징계도 당한다. 스포츠의 룰과 일반 국민들이 지켜야 할 법은 기본적으로 공동체 구성원의 생태계를 유지하는 데 필요하다는 공통점이 있다. 법조인 출신으로서 키움히어로즈 프런트와 선수단에 특히 준법과 관련해 어떤 철학을 전하고 있는지 궁금했다.

"10개 프로야구 구단과 선수들이 야구단 운영과 경기 운영에 관하여 지켜야 할 큰 틀의 룰은 KBO 한국야구위원회가 만든 규약에 정해져 있고, 그 위에는 야구팬들의 애정과 엄격함이 한데 뭉친 보살핌과 감시의 눈이 있어요. 저는 법조인 출신으로서 모든 룰의 중요성을 누구보다 실감나게 체험해왔고, 그 의미를 중시하고 있습니다. 따라서 우리 구단 구성원 누구나 그 중요성과 엄격함을 이미 잘 알고 있고 실천하고 있죠."

그런데 그가 말한 야구팬들의 '보살핌과 감시의 눈'이라는 걸 대체 어느 정도 존중하는 게 맞는지 나 역시 야구팬의 한 사람으로서 모호할 때가 있다. 우리 사회엔 법적인 판단과 별개로 국민정서법이라는 강력한 또 하나의 강제력이 있는 게 사실이다. 사실, 조금 민감한 이슈일 수도 있는데 키움히어로즈는 내 생각에는 이 국민정서법에 의해 본의 아닌 손해를 입은 구단이다. 이를테면 강정호 선수라든가 안우진 선수 같은 경우, 법적인 판단에 의한 심판이나 징계가 일단락됐음에도 그라운드에 복귀를 못하거나 국가대표 선발이 무산됐다. 이에 대한 위 대표의 솔직한 생각이 궁금했다.

"KBO리그는 팬이 있기 때문에 존재하는 거잖아요. 팬들의 정서를 무시할 수는 없습니다. 앞서 말한 대로 팀과 당사자는 KBO에 의해 만들어져 있는 규약을 존중할 수밖에 없어요. 저는 다만 그것이 원칙에 맞게 일관되게 적용되길 바라고 있어요. 강정호 선수 건의 경우 복귀에 대한 승인 권한을 가지고 있는 KBO가 승인을 안 한 거예요. 안우진 선수 건은 WBC 대회 국가대표 감독에게 선발에 대한 전권이 있는데 그분이 선발을 안 한 거예요. 우리는 이 모두를 존중하는데요. 우리 팀과 관련된 이슈여서 아쉬움이 있는 게 사실입니다."

사실 위 대표의 입장에 수긍이 가면서도 아쉬움이 전혀 없진 않다. 룰이라는 게 모든 이에게, 어떤 경우에서든 정확하면서도 공정하게 적용될 때 효력과 권위가 확보되는 것이지 않은가. KBO가 팬들의 정서나 여론에 지나치게 휘둘리기보다는 오히려 원칙에 맞는 흔들림 없는 의사결정을 하고 이를 팬이나 언론에 설득하는 절차를 밟으면 어땠을까. 팬들의 감정이나 정서는 설득하는 이의 정성에 따라 얼음물처럼 녹아서 흐르는 게 아닌가.

야구단 대표로서 그는 이제 1년을 지냈다. 야구단 대표라면 당연히 팀 성적과 경영에서의 흑자라는 두 가지 목표를 가지고 있을 것이다. 올해 이 두 마리 토끼를 잡기 위한 키움히어로즈만의 비책이랄까 복안이 궁금했다. 다른 구단과 차별화하는 전략이 있다면 그것도 소개해달라고 했다.

"저희 팀은 세이버메트릭스라는 야구의 통계를 과학적으로 분석하여 적용하는 방식을 비교적 일찍 도입해서 선수 개개인의 기량과 장단점을 정확하게 분석하고 이를 보완하면서 선수들이 베스트 기량을 발휘할 수 있도록 해왔어요. 그 결과 다른 팀에 비해 FA시장에 나온 고연봉 선수를 데려오지 않고도 꾸준한 성적으로 냈죠. 10개 구단 체제가 2015 시즌부터 시작됐는데, 통산 종합순위에서 두산베어스에 이어 2위를 차지하고 있거든요. 특별한 비책이 있기보다는 저는 구단 대표로서 구성원인 선수단, 감독, 코치, 전력분석원, 트레이너, 프런트가 각자 자기 자리에서 맡은 일에 집중할 수 있도록 여건을 조성해주는 일에 주력할 생각입니다. 올시즌 목표는 우승이요.(웃음)"

그런데 어떤 야구전문가나 팬들은 우리나라의 열악한 야구 인프라에서 10개 구단 체제는 과도한 측면이 있고, 그 결과 경기의 수준이 떨어진다는 비판을 하기도 한다. 이에 대한 위 대표의 생각을 물었다.

"작년에 리그가 40주년을 맞았어요. 6개 팀으로 시작하여 여러 과정을 거치면서 현재 10개 구단 체제가 되었는데, 팀당 시즌 144게임씩을 치르게 되고 그 성적에 따라 10월부터 11월 중순까지 와일드카드, 준플레이오프, 플레이오프, 한국시리즈까지 가게 됩니다. 그 전 과정에 우리 리그만이 안겨줄 수 있는 흥미와 재미의 요소가 있다고 생각해요. 미국 MLB처럼 우리 리그보다 수준 높은 곳도 있지만 우리 KBO리그는 우리대로 맛과 멋과 문화가 있다고 생각해요. 경기력과 수준을 높이기 위한 노력은 당연히 전 구단의 책임과 의무라고 생각합니다."

그는 야구라는 경기의 매력을 상당히 구체적으로 표현했다. 무엇보다 승패가 갈리는 전 과정이 익사이팅하다는 것이다. 이를테면 "공격과 수비까지 모든 과정이 무수한 경우의 수가 조합되고 그 속에서 선수의 기량, 실수, 그날의 운이 조합되어 각종 기록과 스코어, 승패가 결정된다"는 것이다. 그는 실제로 야구장에서 야구를 보면 그 즐거움이 더해진다고, 야구단 운영을 책임지는 CEO다운 멘트를 더했다.

"시속 150킬로미터의 속도로 야구공이 캐처의 미트에 꽂히는 소리, 나무 배트에 야구공이 맞는 소리, 팀마다 가지고 있는 독특한 응원가와 치어걸의 안무, 치맥으로 대표되는 야구를 보면서 먹는 음식, 선수들이 특정한 기념일에 맞춰 입는 저지와 모자 같은 패션, 이런 환상적인 요소들을 꼭 직접 경기장에 오셔서 꼭 보시기 바랍니다."

그는 60대 중반으로 넘어가는 나이에 프로야구단 대표로서 새로운 경험을 시작했다. 지난 1년간의 소회와 직업에 대한 만족도를 물었다.

"지난 1년 동안 정말 숨가쁘게 지내왔는데요. 아주 만족하고 있습니다. 처음에는 걱정이 많았는데 지내보니 야구단 운영이라는 게 1년의 사이클이 있어요. 그 사이클에 맞게 1년이라는 턴을 해본 거예요. 시범경기부터 시작해서 정규시즌 포스트시즌, 드래프트가 있고 스토브리그 등으로 이어지죠. 제가 법률가로 일하는 동안 축적되었던 지혜를 바탕으로 크고 작은 일들을 하나하나 풀어가는 과정에서 희열과 만족감을 느꼈습니다."

키움히어로즈의 현재 구성원은 선수단만 육성군 포함해 90여 명, 단장 1명 감독 1명, 코치 10명 전력분석원 4~5명, 트레이너 4~5명 프런트 50여 명 정도라고 했다. 그가 들려준 이야기 중에 인상적인 것은 선수단 접촉은 가급적이면 피한다는 것이었다. 대표이사가 감독과 코칭스태프, 선수단을 대면하게 되면 자칫 간섭으로 여겨질 수 있고 이것은 선수단의 경기력 저하로 이어질 수 있다는 것이다. 그는 모든 사람에게 각자의 자리에서 가장 잘 할 수 있는 것에 집중케 하는 적재적소의 화이부동 철학을 갖고 있는 듯했다. 새로운 프런트를 뽑을 때도 가장 먼저 보는 것이 업무에 대한 전문성이 있는가라고 했다. 그러면서 경험과 인성을 함께 본다는 것이다.

키움히어로즈 프런트 중에는 아마도 아들이나 딸뻘 되는 이들도 허다할 것이다. 특유의 진중함과 부지런함, 삼엄한 절제력으로 자신의 커리어를 잘 관리해온 것으로 보이는 위 대표에게 미래에 대한 여러 불안과 공포에 시달리고 있는 젊은 세대들에게 무언가 힘이 되는 해줄 말이 있는지 물었다.

“고등학교 국어 교과서에서 읽었던 조병화 시인의 의자라는 시가 생각나는데요. 기성세대는 뒤이어오는 세대, 젊은이에게 묵은 의자를 비워준다는 그런 내용이에요. 지난 세대는 이어받을 세대의 젊은이들에게 자기 세대의 생각과 방식만을 고집해서는 안 되고, 새로운 세대는 지난 세대가 이루어놓은 좋은 결과를 이어가고 지혜를 차용하고, 새로운 시대에 상응한 룰과 제도를 만들어가고 잘못되거나 시대에 맞지 않는 것들을 고쳐가는 노력이 필요하죠.”

그는 모두 여섯 가지의 취미가 있다고 했다. 낚시, 쿠킹, 기타 연주, 당구, 테니스, 골프가 그것이다. 그런데 그 여섯 가지를 하나하나 허투루 하지 않고 할 때마다 최선을 다해서 즐겁고 재미있게 한다는 것이다. 그의 말을 들으면서 나는 삶에 대한 열정은 겉으로 드러나는 활력이나 기운이 아니라 어쩌면 진중하게 자신을 대면하는 태도 속에서 발현되는 게 아닐까 싶었다.

「법률신문 2023년 3월 6일자 게재」

KBO리그는 팬이 있기 때문에 존재하고
팬의 정서 무시할 수 없어.
팀과 당사자는 KBO에 의해 만들어져 있는 규약 존중.
다만 그것이 원칙에 맞게
일관되게 적용되길 바라고 있어

야구 경기의 매력...공격과 수비까지 모든 과정 속에서
선수의 기량, 실수, 운이 조합되어 승패가 결정

현실과 미래를 잇는 화두를 찾기 위해 나설 것

이정엽

서울회생법원 부장판사(현 법무법인 로집사 대표변호사)

"저희 때는 공부를 좀 하는 친구들은 이공계를 지망하는 게 대체적인 분위기였어요. 그때는 똑똑한 친구들이 PC월드나 과학동아, 동아사이언스 같은 잡지도 보고 베이직 같은 언어도 공부해 보고 그랬는데 저는 바이오공학에 관심이 있어 생화학과를 갔어요. 그런데 2학년 때 실험실에 들어서는 순간 두각을 나타내는 과학자가 되려면 이런 생활을 계속해야 하는데, 이건 내게 맞는 삶이 아니라는 생각이 직감적으로 들었어요."

이정엽 판사는 제주 대기고와 서울대 철학과를 졸업했다.
1999년 제41회 사법시험에 합격했다. 2002년 제31기로 사법연수원을 수료하고
같은 해 서울지법 북부지원 판사로 임관했다. 이후 서울북부지법, 서울중앙지법
판사를 거쳐 대전지법 부장판사, 의정부지법 부장판사 등을 지냈다.
이 부장판사는 법조계에서 대표적인 가상자산, 블록체인 전문가로 통한다.

이정엽 서울회생법원 부장판사(52·사법연수원 31기)에 대한 자료를 리서치하면서 학부에서 생화학과를 다니다가 자퇴를 한 이력이 눈에 띄어 그 연유를 물었더니 돌아온 대답이다. 자율과는 거리가 먼 제도권 교육에 과몰입된 1990년대 초반 학번으로서 소신과 주관이 없으면 그런 결단은 불가능했을 터. 그는 돌연 서울대 철학과로 진로를 튼다.

"저는 인간에 대한 관심이 많아서 소설가가 되고 싶기도 했고, 창작

을 하는 삶을 살고 싶었어요. 학생운동도 인간과 사회에 대한 관심 때문에 참여하기도 했었는데요. 철학과를 택했던 것도 그런 이유 때문인 거 같아요. 인간과 사회를 이해하는 바탕을 가져야겠다는 생각을 한 거죠."

여기까지 이야길 들으면 20대 초중반 시절의 그는 확실히 관념적 이상주의자에 가까웠다는 생각이 든다. 그런 지향의 연원에는 무엇이 있을까. 그래서 그의 집안과 성장 환경이 궁금했다. 그는 자신이 제주도 출신이고 그곳에서 고등학교를 졸업했다고 했다.

"제주도는 할아버지 때부터 살던 곳인데, 일본에서 부두하역이나 제철소 일을 하면서 돈을 벌고 돌아와 제주도에 정착해 소를 많이 키우셨어요. 당시 50여 두나 키우면서 남제주에서 가장 부자가 되셨죠. 그런데 4.3사건이 터지니까 빨치산들이 먹을 게 없어서 할아버지 소를 다 잡아먹은 거예요. 그래서 화가 나니까 이념적인 걸 떠나 할아버지가 토벌대에 조력을 하셨어요. 그러다가 결국 희생을 당하셨죠. 아버지와 어머니는 많이 배우신 분은 아닌데, 아무런 간섭을 안 하셨고 자율적으로 절 훈육했어요. 그래서 하고 싶은 걸 다 하면서 컸어요."

역사의 소용돌이에서 화를 입긴 했지만 그의 조부는 이상주의적 현실감각이 몸에 뱄던 이 같고, 부모는 인간의 자율적인 가치를 믿었던 분 같다. 그게 그의 지향에 어떤 식으로든 영향을 미쳤으리라. 이정엽 판사가 사법시험을 준비하고 법률가의 길을 걷게 된 것도 분명 그런 지향과 연관이 있었을 것인데, 그에게 설명을 요청했다.

"제주에 있을 때는 몰랐는데, 서울에 있는 대학에 와보니 빈부격차랄까 문화적 차이 같은 게 실감이 되더라고요. 제가 내세울 게 하나도 없었어요. 그런데 저는 저 자신에 대한 자긍심이 있었고 저 스스로 내면에 보석 같은 가치를 간직하고 있다고 생각했어요. 그래서 비록 유한하지만 인간의 의미 있는 삶과 존재의 형식을 찾았던 것 같아요. 거기에 부합하는 길을 좇았던 것이고요."

그의 말인즉슨, 그가 진로든 어떤 상황에서의 취사선택이든 판단과 결정의 순간에 그것이 '인간의 의미를 찾는 일'인가 아닌가가 그 척도가 되었다는 것이다. 판사로 일하는 동안에도 그 원칙을 적용했다고 했다.

"제가 아웃사이더 기질이 좀 있어요. 판사들의 일반적인 타입과는 좀 다른 유형이었던 것 같아요. 저는 일관되게 창작하고 창조하는 삶에 관심을 가졌는데, 그게 소설 같은 문학적 형식을 통해서도 가능하겠지만 법원에서도 가능하다고 생각했어요. 이를테면 창의적인 판결 같은 것으로요."

그가 정년이 보장된, 사회적으로 안정적인 신분과 지위는 물론 존경까지 받을 수 있는 판사직을 벗는 이유도 아마 그런 사정과 관련 있을 것이다. 그의 현실 속에는 언제나 관념과 몽상과 이상이 뒤섞여 있었지만 한 집안의 장남으로서 그 사이에서 길을 잃지 않으려고 끝없이 투쟁을 해야 했을 터이고.

"처음부터 정년을 할 생각은 없었어요. 어느 순간에 타이밍이라는 게 참 중요하다는 생각이 들더군요. 사회에 나가는 걸 미룬다는 건 그게 그만큼 두렵다는 것일 텐데, 결단을 내리고 뛰어드는 게 그 순간 제가 바라는 일이라는 생각이 들었죠. 그런 결정을 하고 퇴근을 하는데 우연히 '인생은 실력이 아니고 타이밍이다'라는 글귀를 보았어요.(웃음)"

이정엽 판사가 대중들에게 이름을 알린 건 2018년 블록체인법학회의 창립을 주도하고 그 학회장을 맡으면서다. 학회장직은 연임 등을 통해 여전히 맡고 있고 그 자신도 가장 주안점을 두고 있는 영역이라고 했다. 그는 블록체인법학회를 창립하면서 "블록체인은 인공지능, 자율주행 자동차, 바이오 등과 달리 그 기술 아래에 있는 사회의 기본 조직을 바꿀 수 있다고 생각한다"고 말하면서 "가공된 정보는 자본이 될 수 있다"는 인상적인 말을 하기도 했다. 그 개념을 좀 더 쉽게 설명해 달라고 했다.

"과학적 세계관은 사회가 진보한다는 걸 믿잖아요. 그런데 진보는 선형적이 아니고 계단형으로 일어나거든요. 물이 기체가 되는 것도 어느 순간 양질 변화가 일어나서 그런 것처럼요. 저는 미래에 우리에게 필요한 것이 수많은 네트워크에 올라가는 정보가 공유되는 시스템이라고 생각해요. 그동안에는 그것이 중앙집권적 통제 하에 있었어요. 그런데 디지털화된 정보가 최적화된 디바이스를 통해 다중적으로 네트워크에 공유되면 그게 곧 우리 모두의 자산이 될 수 있다는 거예요. 예를 들면, 자동차를 운전하는 사람들이 각자 어느 지점에서 어느 지점까지 차를 몰고 가는 동안 얻게 된 정보를 공유 네트워크에 올리면 그게 부가가치를 창출하는 자본이 된다는 거죠. 정보를 올리고 참여하는 것만으로도 자본을 창출할 수 있고 그 결과 그 사회가 진보되는 거예요. 그것의 상징적인 것이 '비트코인'이라고 할 수 있어요. 인간의 추상화된 가치가 비트코인으로 나타난 거죠. 가짜 정보를 올리는 걸 염려하는 분들도 있는데, 가짜 정보를 올려서 얻을 수 있는 이익이 많지 않고, 네트워크 상에서 충분히 걸러질 수 있어요. 시장이 필요하면 그런 기술은 다 나오게 되어 있죠."

『블록체이니즘 선언』이라는 책을 내기까지 했던 그의 설명은 막힘이 없었고 비유와 설명은 적실하면서도 흡인력이 있었다. 그의 말에 의하면 가상화폐 시장 초창기에 일부 사용자들이 피해를 입는 과정이 있었지만 그 과정에서 학습이 되었고 블록체인은 계속 안전하게 진화중이라는 것이다.

"글로벌한 환경에서 유럽, 미국, 중국, 일본 등 여러 나라들이 블록체인 시장에서 경쟁하고 있거든요. 산업혁명 이전에는 청나라가 과학기술 1위였지만 산업혁명 이후 판도가 바뀐 것처럼 우리나라도 미래를 선점하는 경쟁에서 우위에 서기 위해 노력해야 해요. 저는 미래의 화두는 블록체인과 인공지능 두 가지라고 보고 있어요."

블록체인에 대한 그의 열정에 찬 설명을 들으면서 예의 내가 이정엽 판사에게서 받았던 관념적 이상과 현실이 뒤섞여 있는 캐릭터라는 인상의 실체가 어렴풋이나마 보이는 듯했다. 그에게 있어 관념적 이상이란 인간의 유한한 조건 속에서 존재론적 의미를 찾는 것이고, 현실에 대한 감각이란 아마도 우리가 물리적으로 체감하면서 기술 및 공학 환경을 진화시킬 수 있는 패러다임에 대한 관심과 이해에 있는 듯했다. 20대 시절 그가 몰입했던 생화학과 철학이 결국 장년이 된 그의 선험을 통해 통합되었다고나 할까. 그에게 판사 시절 보람 있던 일을 꼽아달라고 했다.

"2014년 서울북부지방법원에 있을 때 기획공보 업무를 했어요. 그런데 판사들끼리 새로운 네트워크를 만들 시간도 없고 공부할 시간도 부족해서 점심시간을 쪼개서 피자나 커피를 먹으면서 강의 듣고 공부하고 회의하는 모임을 만들었어요. 런치세미나라는 것인데, 인공지능법학회나 블록체인법학회가 만들어진 것도 그 모임이 바탕이 된 셈이요. 지금은 런치세미나 비슷한 모임이 각급 법원에 많이 확산됐어요. 사실은 제가 원조라고 할 수 있죠.(웃음)

아웃사이더에 반골 기질까지 갖춘 이정엽 판사. 그가 이제 법원이라는 울타리를 나와서 야생이랄 수 있는 변호사 시장에 나올 태세다. 법원에서는 자신의 지향과 기질에 위배되지 않은 일을 할 수 있었지만 변호사는 자신이 하고 싶은 일만 하도록 허락하는 직업이 아니다. 그도 잘 알겠지만 만나기 싫은 사람도 만나야 하고 원치 않는 술자리나 골프 라운딩에도 참여해야 할 것이다. 그는 솔직한 목소리로 두려움도 있지만 유의미한 도전으로 받아들일 거라고 말했다. 16일 퇴임식을 끝으로 21년 간의 법관 생활을 마치는 그는 당장 20일부터 법무법인 엘케이비앤파트너스에 합류한다고 한다. 많은 로펌 중에서 그곳을 선택한 이유는 이광범 대표와의 인연 때문이라고 했다.

"연수원 때 지도교수님이셨어요. 이용훈 대법원장 시절 비서실장도 하셨고, 용산참사 때 재판장 맡으면서 정부와 각을 세워서 좌천성 보직을 받으시기도 했고 내곡동 같은 굵직한 사건의 특검도 맡으셨던 분으로 법조계에서 강직하신 분으로 유명하고 신망도 높으신 분이에요. 제가 리걸테크에 관심이 많은데, 인터넷에서만 완전히 구동되는 로펌을 만들고 싶은 꿈이 있습니다."

인터뷰를 마칠 무렵 그가 쑥스러운 표정으로 아내와 K팝 댄스 학원에 같이 다니고 있음을 밝혔다. 최신 유행하는 걸그룹 음악을 틀어놓고 군무를 추는데 멤버 중 유일한 남자라는 것이다. 이노베이션이란 이처럼 무덤과도 같은 생활 속에서조차 실천될 수 있다는 걸 보여주는 것 같았다.

「법률신문 2023년 2월 13일자 게재」

가야금 연주자에서 변호사로, 궁정과 책임감의 힘

강민영

법무법인 플랜에이 대표변호사

그런 경우가 비일비재하진 않겠지만 어려서부터 음악을 하고 악기를 다루다가 법률이나 법학에 관심을 가질 수는 있을 것이다. 그런데 사법시험을 준비하고, 패스하고, 법률가의 길을 가고 있는 이는 많지 않을 것이다. 전회(轉回)라고도 할 수 있는 이 변신의 간극은 강민영(44·사법연수원 46기) 변호사가 학부 시기까지 다뤘던 가야금의 1현과 12현의 거리만큼 멀다고도 할 수 있다. 어떻게 몸에 익은 걸 과감히 털고 낯선 세계에 뛰어들 용기가 생겼을까.

강민영 변호사는 서울 국립국악중·고교를 졸업하고 이화여대에서 한국음악과 학·석사를 취득했다. 대학 졸업 후 라디오와 TV 음악프로그램 구성작가로도 활약했다. 박사 과정을 밟던 중 우연히 법학에 관심을 갖게 돼 사법시험 준비를 시작했고 2014년 제56회 사법시험에 합격했다. 2017년 사법연수원을 제46기로 수료한 후 변호사가 됐다. 현재 법무법인 플랜에이에서 대표변호사로 일하고 있다.

"어머니는 인내와 끈기, 책임감을 갖고 어려운 순간을 다 이겨내신 분이에요. 저도 그런 부분을 물려받았다고 생각해요. 아버지는 그 시대 아버지들처럼 좀 가부장적인 분이셨고요. 어머니는 가족을 위해 희생을 많이 하신 분이에요. 저는 어머니를 가장 존경하는 인물로 꼽는데요, 어렸을 때부터 늘 긍정적인 마인드를 심어주셨어요. '행복해야 돼, 네가 만나는 사람들은 모두 행복할 거야.' 이런 이야기를 많이 해주셨어요. 저는 그 말이 피상적으로 느껴지지 않았고 매일 듣다 보니까 제가 삶을 살아오는 동안 좋은 에너지가 된 것 같아요."

얘길 들으니 어머니로부터 물려받은 긍정의 태도와 자신을 믿는 남다른 자애심이 변호사 강민영을 만들었다고 이해해도 큰 무리는 없겠다. 중고등학교를 모두 예고를 나온 강 변호사는 학부에서 가야금을 뜯고 대학원에 진학해서는 국악이론을 공부했다. 교수가 되고 싶다는 꿈을 가졌다고 했다. 그런데 돌연 법학의 매력에 빠진 것.

"사법시험을 봐서 법조인이 되어야겠다는 생각을 한 건 아니었어요. 국악이론을 공부하면서 영·정조 시대의 음악을 공부했는데, 영조와 정조를 만나고 싶은 생각이 들 만큼 당시의 자료나 고증 등이 절실했어요. 참고할 텍스트들이 부족해서 늘 답답했죠. 그 과정에서 진로에 대한 현실적인 고민이 생겼고 그때 주변에 법 공부를 하던 친구들이 사법시험을 해보지 않겠냐고 권유를 해서 학원에 가서 처음 민법을 들었는데 그때 법의 매력에 빠졌어요."

말을 듣고 보니 강 변호사에게 지적 호기심과 지적 체계에 대한 갈망이 있었음이 드러난다. 실제로 다른 인터뷰에서 그는 "음악은 정답이 없는 영역이고 법학은 답이 있고 논리정연하게 그 답을 찾아가는 과정이라서 법학에 매력을 느꼈다"라고 말한 적이 있다. 그렇다면 그에게 사람들이 '공부머리'라고 부르는 것이 있다는 것인데, 그렇다면 차라리 학문의 길로 갈 수도 있지 않았을까. 법학자나 연구자의 길 말이다.

"음악은 같은 연주를 해도 듣는 사람에 따라 다르게 들릴 수도 있는데요. 법은 또 다르더라고요. 제가 합리적이고 상식적이라고 생각하는 것, 옳다고 생각하는 것들이 나중에 보면 대체로 다수 의신에 속하더라고요. 법학을 공부하고 연구하는 사람은 대체적이면서도 일반적인 생각에 문제를 제기하는 분들이 더 어울린다는 생각이 들었어요. 반면 저는 실제로 법을 적용해서 문제를 푸는 데 관심이 있었고요."

강 변호사의 이력에서 특이한 것은 대외적인 활동을 활발히 했다는 것이다. 문재인 정부에서는 후반부에 청와대에 들어가 정무수석실의 행정관으로 일하기도 했다. 그리된 연유를 물었다.

"제가 당원이기도 한데요, 민주당에서 법률위원회 부위원장 활동을 했어요. 그러다가 청와대에서 오퍼가 와서 거기에 응해서 일을 하게 됐어요. 자치발전비서관실에 소속되었는데 '자치발전'과 '균형발전' 투트랙으로 일을 했죠. 그때 지자체 현안이 중앙정부로 올라오는 과정을 보면서 자치분권이라는 아젠다에 대해 깊이 깨닫고 지자체의 목소리를 대변하면서 많은 보람을 느꼈어요. 지자체가 말하자면 중앙정부에 대해서는 약자의 지위인데, 그들의 입장을 열심히 대변하다 보니까 당시 이철희 수석님이 저를 강인권이라고 부르기도 했어요. (웃음)"

작년 대선의 결과 정권이 바뀐 부분에 대해 민주당 입장에서 돌아볼 것은 없는지 물었더니, 강 변호사는 공직에 있던 사람이라서 조심스럽다며 말을 아꼈다. 그에게서 미련과 후회를 두지 않는 강단이 엿보였다. 그는 지금 형사전문 변호사를 자임하면서 2017년에 설립한 법무법인 플랜에이를 이끌고 있다. 형사전문 변호사라는 타이틀이 궁금했다.

"원래는 제가 검사가 되고 싶었는데, 그러다 보니 형사전문 변호사를 하게 됐어요. 그러면서 여성인권이나 장애인 등 약자들의 문제에 집중하게 됐구요. 약자에 대한 관심은 그냥 저의 숙명 같아요. 제가 나이가 좀 있는 상태에서 연수원에 들어갔고 여전히 여성 비율이 훨씬 적은 환경에서 기수 주장이나 동문회장 같은 걸 했거든요. 그때부터 소수를 대변하는 역할에 익숙해진 것 같아요."

최근 대한변호사협회 협회장 선거와 서울지방변호사회 회장 선거가 있었다. 그 과정에서 선거 운동이 과열돼 변호사 사회에 상당한 분열과 갈등이 있었다고 들었는데, 변호사 사회의 화합과 통합에 대한 그의 복안이 궁금했다.

"변호사 사회의 극한 대립과 분열은 변호사회가 너무 이익집단화하면서 발생한 것 같아요. 예컨대 직역수호 같은 것만 내세우면서 이익을 추구하는 목소리가 높은데, 이익이 생기면 또 그 이익을 나눠야 하고 그 과정에서 경쟁과 다툼이 발생할 수밖에 없잖아요. 변호사단체는 다른 이익단체와 분명 다른 요소들이 있어요. 여러 고위공직자를 추천하는 추천권을 가지기도 하니까요. 변호사들 스스로 직역적 측면에서만 바라보지 말고, 공익적 성격에 대한 분명한 인식과 각성이 필요하다고 생각해요."

강 변호사는 변호사 사회의 민감한 이슈인 '로톡'에 대해서도 명료한 입장을 밝혔다.

"개인적으로 저는 로톡에 참여한 변호사들을 징계하는 것에 반대 입장을 갖고 있어요. 변호사의 수임 금액을 다운시키는 등 로톡으로 인해 왜곡된 법률서비스 문화가 생길 수 있는데, 이런 부분을 정밀하게 개선하는 게 필요하지 규제나 징계로만 해결될 수는 없다고 생각해요. 오히려 대형로펌에서는 구글이나 포털 등에서 대규모 광고를 하는 등 영향력을 행사하고 있거든요. 이런 문제는 그대로 두면서 로톡만 징계하는 건 맞지 않은 거죠."

강민영 변호사는 이제 40대 초반으로 기성세대에 막 진입하는 세대다. 바로 밑의 20~30대 세대가 현실과 미래에 대해 불안감을 가지고 있는데, 그들에게 해주고 싶은 격려나 조언의 말은 없는지 물었다.

"20~30대의 상대적 박탈감 문제는 구조적 측면에서 기득권을 가지고 있는 세대들이 심각한 문제의식을 갖고 냉철하게 제도적으로 정책적으로 접근해야 한다고 생각해요. 후배 세대들에게 해주고 싶은 말은 다른 세대가 가질 수 없는 그들만이 가지고 있는 장점을 적극적으로 활용하라는 거예요. 패기, 체력, 건강, 열정 같은 것들요. 그것들을 믿고 하고 싶은 일을 찾아서 도전을 하면 좋겠어요. 고민은 하되 짧고 치열하게, 그리고 과감하게 실행하는 용기를 가지라고 말해주고 싶어요."

강 변호사는 어머니의 주문처럼 시방 행복한 변호사처럼 보였다. 법 이야기를 할 때마다 생기가 넘쳤다. 아닌 게 아니라 그는 자신의 직업 만족도를 100퍼센트라고 밝히기도 했다. 그에게 변호사라는 업의 희로애락은 어떤 것일까.

"무료상담을 하면서 소송으로 가기 전 문제를 해결하기도 하는데 그때 행복감을 느껴요. 저 역시 다른 변호사처럼 피고인을 대리할 때도 있는데, 그때도 실체적 진실을 외면하지 않으면서 피해자의 회복에 신경을 많이 썼어요. 사실관계를 다투고 무죄 주장을 하면서 의뢰인과 함께 최선을 다해서 마음을 써서 변론을 했는데 결과가 좋지 않을 때는 괴롭기도 해요. 한 가지 변호사로서 아쉬움이 있는데, 무죄 주장을 하는 쪽은 억울한 일이 있어서 하는 건데 판사가 반성의 기미가 없고 괘씸하다면서 관행처럼 엄벌을 내리는 경우가 있어요. 그런 문제는 우리 법조가 풀어야 할 숙제라고 생각해요."

음악은 먼저 생성된 음이 공명되다가 공기 중에 사라져야 다음 음이 들리는 법이다. 한번 생성된 음이 사라지지 않으면 음악은 성립될 수 없다. 그 간격과 높낮이가 신묘한 음악을 만드는 것일 테다. 하지만 한번 사라진 음은 어디로 가는가. 이것은 음악을 하는 이들에겐 풀리지 않는 숙제일 수도 있다. 반면 법은 음악과 달리 사건과 판례로 누적되는 것이다. 견고한 성처럼 쌓이는 것이다. 실체이며 실질의 세계다. 실체와 실질 속에서 숭고한 가치를 실현하는 것, 그래서 나 자신을 바꾸고, 사회를 바꾸고, 세상을 바꾸는 것. 이와 같은 투신의 의미를 어느 날 깨달았기에 강 변호사는 자신의 일을 과감하게 바꿀 수 있었을 것이다.

포스라고 할까 아니면 아우라라고 할까. 강민영 변호사와 대화를 나누는 동안 나는 내내 그의 내부가 당차고 압밀한 에너지로 꽉 차 있다는 느낌을 받았다. 팽팽한 가야금 줄을 튕길 때의 긴장감, 음을 하나도 놓쳐서는 안 된다는 책임감과 자신에 대한 믿음이 강민영 변호사의 포스를 만든 게 아닌가 싶었다. 마지막으로 앞으로 하고 싶은 희망사항을 물었다.

"죽기 전에 결혼식 주례를 서고 싶어요. 주례를 설 수 있다는 건 제가 삶을 잘 살아왔다는 거잖아요. 그리고 이제 막 출발하는 젊은 부부를 응원하는 역할을 할 수 있다면 정말 벅차고 설렐 것 같아요."

그의 꿈이 실현되리라 확신하는 나는 벌써부터 강 변호사의 주례사가 궁금하다.

「법률신문 2023년 2월 6일자 게재」

14

법관은 스스로 자신을 지켜야, 그것이 법원을 지키는 길

강영호

원로법관(현 법무법인 호민 대표변호사)

서울중앙지방법원에서 원로법관을 끝으로 정년퇴임하는 강영호(65·사법연수원 12기) 전 법원장은 마주 앉자마자 〈법률신문〉과의 각별한 인연부터 들려주었다.

1997년 9월 IMF 사태를 맞았을 때 채무가 많아서 도산 위기에 처한 기업들이 너도나도 화의제도에 기대 회생을 도모하고 있었는데, 기업과 금융 파트에 전문적 식견을 가지고 있던 강 법원장이 화의제도의 본질은 부실기업들을 구제하는 데 있지 않다는 글을 〈법률신문〉에 기고했

중앙고와 성균관대 법정대학을 졸업한 **강영호 원로법관**은
1980년 제22회 사법시험에 합격해 1985년 서울가정법원에서 처음 법복을 입었다.
서울형사지법 판사, 서울민사지법 판사, 서울고법 판사, 대법원 재판연구관,
서울지법 의정부지원 부장판사, 서울행정법원 수석부장판사, 대전고법 부장판사,
법원도서관장, 서울서부지법원장, 특허법원장, 서울고법 부장판사 등을 지낸 그는
2017년 2월부터 서울중앙지법 원로법관으로 재직했다.

고 그것이 조선일보와 중앙일보 등에 크게 보도되면서 IMF 사태를 바라보는 우리 사회의 분위기가 바뀌는 결정적인 계기가 됐다는 것이다. 결과적으로 부실기업들이 도태되면서 한국이 IMF 사태를 비교적 큰 출혈 없이 극복하는 데 강 법원장의 〈법률신문〉 기고문이 크게 기여한 셈이다.

특허법원장과 서울서부지방법원장을 역임한 강영호 법원장은 정년을 맞아 37년 5개월 간의 치열하면서도 곡진했던 법원 생활을 마무리한다. 온유한 인상이지만 단단한 체구에 맑고 깊은 안광을 가진 그는 이미 세월이 안겨준 지혜의 깊이와 너비를 넉넉히 품고 있는 이처럼 보였다. 그는 어떤 연유로 40년 가까이 걷게 될 법률가의 길에 들어서게 되었을까.

"중학교 3학년 때 교회에서 목사님의 설교를 들었는데, 그때 정의라는 개념이 머릿속에 강렬하게 박혀왔어요. 그 순간 정의를 구현하는 사람이 되어야겠다는 생각을 하게 됐죠. 그게 바로 법관이 되는 거였어요. 그래서 그 마음을 품고 공부했고 법대에 들어와서도 1학년 때부터 사법시험 공부를 했어요. 1학년 때는 보통 일반교양 수업을 듣는데, 저는 법학전공 수업을 1학년 때부터 들었어요. 그래서 4학년 때 차석으로 사법시험에 합격했죠. 부모님도 무척 기뻐하셨어요. 사법시험 합격된 날이 제 삶에서도 가장 기뻤던 날이에요."

사람의 기호나 욕망은 수시로 바뀌기 마련인데, 강 법원장의 말에 따르면 그의 삶은 까까머리 소년 시절의 꿈을 좇아 온전히 그것을 펼치는 데 바친 셈이다. 자신의 꿈을 의심하지 않고 다치지 않게 가꾸는 일은 흔치 않은 일이다. 그의 부모님과 가풍이 궁금했다.

"고향이 지금은 대전광역시로 편입되어 있는 충남 대덕이었어요. 그곳에서 태어나 유년 시절을 보내다가 삶의 터전을 서울로 옮기시기로 한 부모님과 함께 상경을 했죠. 아버지는 시계 같은 정밀기계를 다루는 기술을 갖고 계셔서 시계방을 하셨어요. 학교는 중학교만 나오신 분이었는데, 아무 간섭 없이 자식들을 자율적으로 키우셨어요. 어머니는 교회를 다니셨는데요. 새벽에 단칸방에 어떤 소리 같은 게 나서 깨면 어머니가 저를 위해 한쪽 구석에서 기도를 하고 있는 거예요. 그 기도 때문에 제가 삶을 잘 살았다고 생각해요."

강영호 원로법관의 눈에서 눈물이 비어져 나온 건 그 순간이었다. 예상치 못한 일이었다. 40년 가까운 세월 동안, 그러니까 대통령이 일곱 번이나 바뀌고 강산이 네 번 가까이 변하는 동안 재판정에서 냉정을 유지하며 칼날 같은 분별력을 발휘하며 살아왔을 이가 어머니의 기도를 추억하며 처음 보는 사람 앞에서 눈물을 떨구다니. 어머니라는 존재는 아마도 그런 존재인 모양이다. 정의와 불의를 판정하느라 아무도 몰래 외로웠을 이를 온전히 품어주는 존재.

감정을 추스른 강 법원장은 특허법원장 시절 추진했던 혁신적인 안건에 대한 그간의 과정과 소회를 장시간을 할애해 열정적으로 설명했다.

"당시 특허법원은 특허청 사건이나 소송만을 담당하는 소극적인 법원이었어요. 우리나라가 세계 경제 10위권으로 성장하고 있는 추세와는 맞지 않는 역할이었죠. 당시 특허 침해 사건이 많았는데, 그로 인해 발생한 손해배상 소송은 정작 고등법원이나 지방법원에서 맡았죠. 그런 시스템 때문에 특허법원의 경쟁력이나 전문성이 떨어졌어요. 특허청에는 특허조사심의관이 있는데도 전문성을 살리지 못하는 거예요. 그래서 제가 특허 침해로 인한 손해배상 사건도 특허법원에서 맡아야 하는 것과 국제재판부를 설치해야 하는 것, 이 두 가지를 추진해서 결국 관철시켰지요."

그의 수사와 논리에는 막힘이 없었다. 숱한 판례를 거치며 치열하게 학습되고 체득된 지혜를 내놓은 현역 재판관의 모습이라고 해도 전혀 무리가 없을 정도였다. 내심 이런 분이 정년 때문에 법원을 떠나야 하는 제도적 현실이 아쉽게 다가왔다. 사실 강 법원장은 법원의 재판관 수급 문제와 정년 문제의 불합리함을 여러 차례 제기하기도 했다. 현재의 정년 제도와 로스쿨 제도 하에서는 법원이 우수한 재판관을 지속적으로 확보하기가 어려우니 시니어재판관 제도를 도입해야 한다는 것이 그 골자다.

"로스쿨 제도가 도입되면서 법관 임용 자격이 자꾸 바뀌었어요. 변호사 경력 기한을 계속 늘린 거죠. 이런 제도에서는 우수한 분들이 법원에 들어올 수가 없어요. 법관 정년을 늘리는 것도 하나의 대안인데, 미국도 시니어법관제도가 있고 정년이 75세예요. 하지만 이 제도도 현실적인 면에서 어려운 측면이 있어요. 시니어법관은 국가에서 연금과 월급을 받아야 하는데 이게 가능하려면 연금법 개정을 해야 하는데, 다른 공직 분야에서 반발이 나올 수밖에 없거든요. 법원과 정부가 함께 고민해야 할 부분입니다."

그는 법관 생활을 하는 동안 주심을 맡아 시대의 변화에 부합하는 숱한 진보적 판결을 내놓았다. 우리 사회에 상명하복의 문화가 만연해 있을 때 술자리 회식에서 부하 직원에게 술을 강요해 고통을 안긴 회사의 상사에게 실형을 선고하며 적지 않은 벌금을 부과하기도 했고(이는 미국 뉴욕타임즈에도 한국 사회의 변화사례로 소개되기도 했다.) 노태우 대통령의 선심성 공약으로 시작된 새만금방조제 사업 추진 과정에서 환경단체의 소송이 있었을 때 정치권의 외압을 이겨내고 소신판결을 내리기도 했다. 또한 매우 이례적으로 성별정정을 요구하는 여성의 손을 들어주기도 했다.

"남자가 여성으로 성별을 바꾸는 것은 의학적으로도 법률적으로도 그리 어려운 일은 아닌데, 여성이 남성으로 성별을 바꾸는 것은 매우 어려운 일이었어요. 왜냐하면 외부로 돌출된 성기 같은 까다로운 생물학적 기준을 요구했거든요. 제 재판에 서게 된 여성은 그런 기준을 갖추지 못한 상태였어요. 그런데 이야길 들어보니 정말 딱한 거예요. 취직도 못하고 병원에도 못 가고 가족과도 단절되어 있었죠. 그래서 과감하게 남성으로 살고 싶어 하는 여성의 자기결정권을 존중해 그분 손을 들어줬어요."

당시 강 법원장은 현직 개신교 장로였기 때문에 더욱 획기적인 판례로 평가되었다. 그는 이에 대해 이렇게 말했다.

"인간의 성별은 하나님이 만들고 내가 그들의 본질은 바꾼 건 아니지만 그들이 사회생활을 할 수 있도록 불편함을 해소해주는 역할은 할 수 있다고 생각했어요."

이와 같은 소신 때문인지 강 법원장은 사법부 구성원의 폭넓은 신망과 존경 속에 법관직을 마치게 됐다. 정년에 즈음한 소회를 물으면서 짓궂은 질문을 슬쩍 끼워 넣었다. 사법부 최상급법원인 대법원의 재판관이 되지 못한 것에 대한 후회 같은 건 없는지를.

"대법관 후보로 세 번 정도 올라갔는데 인간적으로 서운한 게 왜 없겠어요. 대법관은 판사들의 꿈 같은 거니까요. 그런데 돌이켜 보면 그 자리에까지 안 간 게 다행이라는 생각도 들어요. 대신 법원장을 6년이나 하면서 많은 판사들도 알게 됐고 좋은 사람들과 인연이 생겼어요. 대법관 갔으면 6년 동안 기록에 파묻혔을 것 같아요. 게다가 원로법관까지 해보니까 다양한 측면에서 여러 경험을 하게 됐어요. 돌아보니 모든 게 다 감사하더라구요. 제가 스물일곱에 판사가 됐는데, 부장님들이 볼 때 얼마나 어리게 보였겠어요. 내가 모신 대법관님들도 다들 나를 돌보고 가르쳐주셨고 배석들도 다 좋은 분들이었어요. 법원장에 있을 때도 구성원들이 전부 다 나를 도와줬어요."

온유한 인상을 가진 이들의 바탕에는 겸허함이 있음을 다시금 확인한다. 그 겸허함은 실은 자신의 부족함에 대한 실토라기보다는 타인을 넉넉히 품고 인정하는 풍요로운 마음밭의 표정이리라.

사실 근년 들어 정치적 풍파 속에서 대법원의 위신이 많이 손상된 게 사실이다. 법원의 구성원으로서 그런 걸 지켜보는 마음이 어떠했는지 궁금했다.

"현직 법관으로서 대법원이 국민의 기대와 신망을 저버리는 걸 지켜보는 게 참 가슴아프고 속상했어요. 사법처리를 받은 양승태 대법원장님은 금전을 받는 등 개인적 비리가 있었던 건 아니고 정치적 파장 속에서 그런 일을 겪은 거라고 보는데요, 판사들은 무엇보다 자기 자신을 지켜야 해요. 그게 제일 중요해요. 판사가 골프를 안 치고 술을 안 마시면 실수할 일이 없다는 말이 있어요. 저는 그걸 지켰어요. 자신을 지키는 건 자신밖에 없어요. 누가 자신을 지켜줘요."

사법부는 한 국가의 의로움을 지키는 보루와도 같은 곳일 테다. 국가의 의로움을 지키기 위해서는 자기 자신을 불의한 의혹으로부터 지키는 일이 선행되어야 한다는 원로법관의 간곡한 진언이 바투 마음을 일

렁였다. 끝으로 후배 법관들에게 해주고 싶은 말이 없는지를 인터뷰에 배석한 〈법률신문〉 기자가 물었다. 이에 대한 답은 다음과 같은 그의 퇴임사에서 확인되었다.

“큰 사건은 작게 보고, 작은 사건은 크게 보라는 것입니다. 큰 사건은 크게 보면 그곳에 매몰되어 사건의 실체를 정확히 판단할 수 없기 때문에 그런 사건들은 멀리서 보라는 것입니다. 그래야만 그 사건의 전체적인 실체를 파악할 수 있어 정확한 판단을 할 수 있다는 것입니다. 반면 작은 사건은 그냥 가볍게 치우쳐 지나가기 쉬운데 그런 사건일수록 크게 보라는 것입니다. 이런 사람들은 일생에 한번 정도 재판을 받는다는 것입니다. 이런 사건일수록 당사자 이야기를 잘 들어 성의 있게 재판을 해 준다면 이 사람은 평생 그 판사를 잊지 못할 것이며 그것이 사법부에 대한 신뢰로 직결된다는 것입니다.”

왜 아니겠는가. 큰 것을 가까이에서 보면 ‘벽’일 뿐이고 작은 것을 먼데서 보면 ‘점’으로밖에는 안 보이는 것을. 그것은 진실과는 아주 먼 기괴한 추상일 것이다. 추상만으로 구성되는 삶은 존재하지 않는다.

마지막으로 인사를 나누면서 보니 강영호 법원장의 얼굴이 마치 거칠고 까슬한 모래알 사이를 통과하는 억겁의 시간 동안 맑고 곱게 개어진 점토로 빚은 단아한 청자처럼 보였다.

「법률신문 2023년 1월 30일자 게재」

온유한 인상을 가진 이들의 바탕에는
겸허함이 있음을 다시금 확인한다.
그 겸허함은
실은 자신의 부족함에 대한 실토라기보다는
타인을 넉넉히 품고 인정하는
풍요로운 마음밭의 표정이리라.

현재에 최선을 다하는, 지지 않는 마이너리티

정교화

넷플릭스 코리아 정책 법무 총괄 (변호사)

"서울 종로에서 태어나고 자란 서울토박이에요. 외가 쪽은 북에서 월남하셨구요. 아버지가 공부를 잘하셔서 서울법대를 가셨고 고시 공부를 하고 싶어 하셨는데 집안 사정이 안 좋아서 은행에 들어가셨어요. 그러고선 산업은행 주재원으로 영국에 나가셨고 그 일로 저도 1980년대에 두 차례에 걸쳐 영국에서 살았어요. 초등학교 2학년부터 5학년, 중학교 3학년부터 고3까지였죠. 그런데 그 경험이 제 삶에 제법 많은 영향을 미쳤어요. 한국이 국제 사회에 거의 알려져 있지 않을 때여서 저는 늘 중국 사람이냐 일본 사람이냐는 질문을 받았죠. 코리아가 어

서울 명일여고와 고려대 법대를 졸업한 **정교화 변호사**는
1996년 제38회 사법시험에 합격해 1999년 서울중앙지법에서 처음 법복을 입었다.
4년 뒤 법원을 떠나 김앤장법률사무소로 적을 옮긴 후
대한상사중재원 중재인 등을 지낸 정 변호사는 2018년 11월부터
한국마이크로소프트 대표변호사를 역임했다.
그는 2021년 4월부터 넷플릭스 코리아에서 정책 법무 총괄을 맡고 있다.

디에 있는 나라인지 잘 모를 정도였어요. 현지 책을 보는데 박정희 대통령을 'dictator'(독재자)라고 표현한 것을 보고는 충격을 받았던 기억이 있어요."

인터뷰 시작하자마자 정교화(50·사법연수원 28기) 변호사가 들려준 이야기는, 지금 그가 한국 넷플릭스에서 정책 법무 총괄이라는 중책을 맡고

있는 소이연을 풀 수 있는 중요한 단서처럼 다가왔다. 성장기에 외국에서 생생하게 실감했던 한국인이라는 정체성에 대한 각성과 고국을 객관적으로 바라볼 수 있었던 메타적 시선이 내면에서의 지향을 점진적으로 추동해 한국이 제작한 매력적인 콘텐츠를 세계인들에게 전달하는 OTT(온라인 동영상 서비스) 리딩 기업으로 자신을 이끌었던 것은 아닌지. 나는 정 변호사의 삶에서 우연의 필연이라는 세렌디피티를 확인한 느낌이었다. 논리적이면서도 주어부와 술어부가 정밀하게 호응하는 그의 말은 계속 이어졌다.

"저는 고3에 한국에 돌아와서 주재원 자녀 특례입학으로 법대를 갔어요. 정원 외로 별도의 시험을 봐서 들어간 거죠. 그러고선 사법시험에 합격했는데, 법대 진학과 사법시험은 아버지의 권유였어요. 아버지는 늘 여자도 직업을 가져야 한다고 말씀하시면서 법대를 가면 길이 많을 거라고 하셨어요. 저는 사실 법학이나 법조인에 대해 고루하다는 편견을 갖고 있었는데, 공부에 대해서 일절 간섭을 안 하시던 아버지가 법대를 권하시면서 여성으로서 라이선스가 있으면 좋다고 하셨고, 저도 그것에 동의를 해서 사법시험을 보게 되었어요."

말을 듣고 보니 자율성을 존중했던 아버지가 딸아이의 삶에서 가장 중요한 시점에 현실적이면서도 핵심적인 조언을 해준 셈이다. 그러니까 정 변호사에게 아버지는 '키다리 아저씨'나 어린 왕자의 '사막여우'처럼 멘토십을 발휘해 인사이트를 안겨준 존재였달까. 정 변호사는 문학적 소양이 다분했던 아버지로부터는 섬세한 인문적 기질을, 그리고 약대를 나오신 어머니로부터는 이성적이면서도 실리적인 품성을 물려받은 것 같다고 말했다. 태생적으로 이상적인 밸런스를 갖추었던 셈.

정 변호사는 법원 판사로 법률가의 커리어를 시작한다. 판사로 진로를 결정한 데는 물론 연수원 성적도 탁월했지만 좀 단순해 보이는 동기가 있었단다. 연수원 때부터 영어 실력으로 유명했는데 '영어 잘하는 변호사'라는 이미지로 소비되는 것이 마뜩치 않았다는 것. 자신은 여자이고 외국에서 살다 왔고 또 남자들이 압도했던 대학 출신으로서 주변인이라는 자의식이 있었기에 법조 경력의 시작은 오히려 중심에서 하고 싶었다는 것이다. 그러면서 법원이 법조의 중심이라고 생각했다고. 법원에서 일하는 동안 정 변호사는 많은 성장을 경험했고 보람을 느꼈다고 했다. 그런데 돌연 그는 4년 만에 법원을 나와 김앤장에 들어간다.

"순환 근무 일환으로 지방에 가는 시기였는데요. 그때 아버지가 언젠가 하셨던 말씀이 생각났어요. 아버지가 런던에서 은행의 자회사를 만드는 일을 하실 때 법적 자문을 하는 이들이 모두 외국변호사여서 소통하는 데 어려움이 있었다면서 국제업무를 하는 한국 변호사가 있으면 참 좋았겠다고 말씀하셨던 기억이 난 거예요. 연수원 시절부터 통상에 관심이 있기도 했구요. 그래서 나이가 더 들기 전에 변호사를 시작하는 것도 의미가 있을 것 같아 김앤장에 들어갔고 16년 동안 주로 국제 중재 업무를 맡았어요."

그렇게 법조에서 20년을 보내고 난 정 변호사는 새로운 일을 해보고 싶은 생각이 들었다고 했다.

"한국 법조시장이 작다고 느꼈어요. 시장이 큰 외국에선 변호사들이 로펌에서 로펌으로 옮기면서 새로운 커리어를 쌓기도 하는데, 한국은 그걸 기대하기 어려웠어요. 당시 4차 산업혁명이나 AI 같은 것들이 화두였는데, 그때 마침 마이크로소프트에 자리가 난 거예요. 저에겐 혁신의 아이콘인 구글이나 아마존 같은 데보다는 이미 40년이라는 연혁을 갖춘 마이크로소프트사에서 새로운 혁신을 창출하는 미션이 더 매력적으로 다가왔어요."

법조를 떠나 글로벌 기업에 들어갈 때 자신으로서는 국제중재 분야에서 쌓아온 소중한 커리어를 내려놓는 것이었기에 결코 쉬운 결정은 아니었다고 했다. 하지만 새로운 영역에 대한 호기심과 모험심이 이미 익숙해진 세간의 인정과 안정감을 압도했던 것일까. 정 변호사는 자신을 가리켜 남들보다 앞서서 길을 가는 파이오니어 같은 존재는 아니지만 마이너리티로서의 도전 정신은 있는 것 같다고 말했다. 그런 도전 정신은 다시 OTT라는 새로운 영역을 선두에서 개척하는 기업 넷플릭스를 향했다.

"넷플릭스는 다른 글로벌 기업과는 달리 콘텐츠라는 상품을 세계 각지에서 현지인들이 제작, 담당한다는 게 매력적이었어요. 세계 각지에서 만든 다양한 콘텐츠를 다시 전 세계인들에게 제공하는 방식에 끌렸죠. 글로컬리즘이라고 할까요. 이와 함께 '규칙이 필요 없는' 넷플릭스 특유의 문화도 마음에 들었어요. 그게 뭐냐면 훌륭한 인재들을 모아놓으면 자잘한 규칙 같은 건 필요 없다는 넷플릭스만의 철학이에요. 여기서 훌륭하다는 건 업무에 대한 전문성뿐 아니라 윤리적인 감성과 책임감까지 포함하는 거예요. 그런 사람들이 모이면 일은 잘 되게 되어 있다는 거죠. 요컨대 다른 회사들이 '직원은 가족이다'라는 말을 한다면, 우리는 가족이 아니고 프로농구팀이라고 표현해요. 각자의 포지션에서 재능을 발휘하면서 협업할 때 하고 필요하다면 트레이드도 하는 거죠. 저는 이런 자잘한 규칙이나 승인이 필요 없고 자율적이고 수평적이면서 책임감을 강조하는 넷플릭스 문화가 마음에 들었어요."

여기서 정 변호사가 필시 불편하게 느낄 수 있는 질문 하나를 던졌다. 인간의 지적 능력이나 인문적 감수성은 성찰이나 고독, 독서 등 고요한 통찰의 경험 속에서 성장하기도 하는데, 넷플릭스는 엔터테인먼트 미디어 기업이라는 속성상 사용자들이 수동적으로 받아들일 수밖에 없는 콘텐츠를 제한 없이 제공하고 있다. 어린아이부터 노년층까지 일반 대중이 넷플릭스가 제공하는 동영상에 너무나도 쉽게 노출되어 있는 것. 넷플릭스는 더군다나 이와 같은 환경을 기반으로 하는 산업의 수익

모델을 만든 기업이다. 넷플릭스가 제공하는 중독적인 콘텐츠가 인간의 지적 능력이나 비판적 지성, 상상력 등을 퇴행시킬 수 있는데, 이에 대해 넷플릭스는 어떤 입장을 갖고 있는지 물었다.

"저는 즐거움을 제공하는 것 자체는 나쁘다고 생각하지 않아요. 더구나 다양한 콘텐츠를 통해 경험해 보지 못한 세상을 보고, 나와 다른 시각을 이해할 수도 있죠. 하지만 말씀하신 지적도 경청할 필요가 있다고 생각해요. 결국에는 사회적인 공생의 중요성을 인식하는 것이 회사의 장기적인 성장에도 이롭다고 보거든요."

내친김에 OTT 시장에서 넷플릭스가 갖고 있는 지배적인 지위와 독과점, 수익의 배분 등을 비판적으로 바라보는 세간의 의구심에 대해서도 어떤 생각을 갖고 있는지 물었다.

"넷플릭스에 대한 우려의 목소리를 잘 알고 있어요. 넷플릭스가 코로나가 확산되던 시기에 크게 성장한 건 맞아요. 하지만 우리 회사 역시 치열한 경쟁을 하고 있는 회사예요. 디즈니플러스, 쿠팡플레이, 티빙, 왓챠, 애플TV 등 쟁쟁한 국내외 회사들과 생존 경쟁을 하고 있기 때문에 넷플릭스 혼자 시장을 지배하거나 좌지우지할 수 있다고 생각하지 않아요. 독과점은 소비자뿐만 아니라 기업에도 장기적으로 독이라고 생각하고 넷플릭스도 그걸 지향하고 있지 않아요. 기업은 기본적으로는 이윤을 추구하는 게 목적이지만 사회적인 환원에도 관심을 가져야 한다고 생각해요. 그래야만 성장 동력과 지속 가능한 경영이 확보되거든요. 넷플릭스도 그래서 콘텐트 제작자들, 그리고 원작자들과 상생하기 위해 지원과 투자를 계속 늘리고 있어요. 특히 한국에서 제작되는 콘텐츠에 많은 투자를 하고 있어요. 더빙과 자막 작업도 30여개국 언어로 세심하게 신경 쓰면서 진심을 갖고 하고 있어요. 이런 작업을 통해 개인적으론 한국의 우수한 콘텐츠를 세계에 알리는 것에 대해 자부심을 가지고 있어요."

그는 흑백을 판결하는 판사에서 변신을 거듭해 이제는 가장 뜨거운 주목을 받고 있는 혁신 기업에서 정책과 법무를 총괄하는 막중한 미션을 수행하고 있다. 유독 여러 층위에서 갈등지수가 고조되어 있는 한국 사회에서 법원과 국제중재, 기업을 경험한 이로서, 그리고 여자로서 정 변호사는 퍼블릭을 위해 기여할 수 있는 일이 과연 무엇일지 고민이 많다고 했다.

"어느 사회든 갈등은 있는데, 지금은 과거에 비해 목소리를 내는 사람들과 자기 목소리를 찾으려는 사람들이 많아진 것 같고 저마다 자기 목소리만 내려다 보니 갈등이 고조된 것처럼 느껴지는 것 같아요. 목소리를 냈으면 상대방 목소리도 들어야 한다고 생각하거든요. 기업 입장에서도 다양한 목소리를 듣고 그것을 기업 문화와 제품에 반영하는 노력을 해야 한다고 생각해요. 넷플릭스도 다양한 목소리와 가치 등을 반영한 콘텐츠들을 제공하는 데 관심이 많아요. 다양한 목소리를 내는 소비자들의 니즈에 맞추기 위해 회사의 구성원 역시 여성, 소수자 등을 포함해 다양해져야 한다고 생각하구요. 다양성과 포용성을 키우기 위한 기업의 노력이 우리 사회에서 꼭 필요하다고 봐요."

정 변호사는 상생과 공존, 통합에 유독 많은 관심을 드러냈다. 예컨대 같이 어울려 사는 게 왜 중요한지, 장애인 현황은 어떤지, 여권 운동은 언제 어떻게 시작됐는지 그런 것들이 보편적인 교육을 통해 사회 일반의 상식이나 감수성으로 장착되면 좋겠다는 것이다.

정교화 변호사에게 10년 후에는 어떤 일을 하고 있을 것 같냐는 질문을 던졌더니, 잘 모르겠다는 대답이 돌아왔다. 지금처럼 급속하게 변화하는 세상에서 10년 후를 생각하기보다는 현재에 최선을 다하는 것이 자신의 가장 중요한 원칙이자 태도라는 것이다. 그리고 그 원칙을 갖고 지금까지 살아왔다고 했다. 자신을 마이너리티라고 했지만 현재의 의미를 알고 그것에 최선을 다하는 한 그는 지지 않는 질 수가 없는 무적(無敵)의 마이너리티일 것이다.

「법률신문 2023년 1월 2일자 게재」

"
즐거움을 제공하는 것 자체는
나쁘다고 생각하지 않아요.
더구나 다양한 콘텐츠를 통해
경험해 보지 못한 세상을 보고,
나와 다른 시각을 이해할 수도 있죠.
하지만 말씀하신 지적도
경청할 필요가 있다고 생각해요.
결국에는 사회적인 공생의 중요성을 인식하는 것이
회사의 장기적인 성장에도 이롭다고 보거든요.
"

판사에서 철학교수로, 의심하고 질문하고 앎의 가능성에 다가가는 삶

김현섭

서울대 철학과 교수

인터뷰에 앞서 인터넷 서핑을 통해 그의 강연 동영상을 보면서 어렴풋이 전해져오는 느낌이 있었다. 그리고 그 느낌은 그를 실제로 만나는 동안 조금 더 명료히 확인되는 것이었다. 그의 표정에는 텍스트를 오랫동안 마주한 이에게서 느껴지는, 다시 말해 태만을 모르는 지적 훈련과 침사(沈思)에 따른 나른한 피로감 같은 게 있었던 것. 선입견이 개입했을 테지만 새치가 비치는 그의 머리칼과 문득문득 먼 곳을 향하는 그의 시선은 40대 중반에 들어서는 철학자가 처한 어떤 고유한 현

김현섭 교수는 인천 출신으로 대원외고, 서울대 법대를 졸업했다. 1999년 제41회 사법시험에 최연소로 합격하고, 사법연수원을 다니던 2001년 서울대 철학과 석사 과정에 입학했다. 2003년 사법연수원을 차석으로 수료한 뒤 육군 법무관을 거쳐 2006년 서울동부지법에서 판사 생활을 시작했다. 하지만 철학 공부를 위해 곧바로 판사 생활을 접고 미국 뉴욕대로 유학을 떠났다. 2012년 뉴욕대 철학박사 학위를 취득하고 미국 스탠퍼드대 사회윤리학 센터 박사후 연구원을 지낸 뒤 귀국했다. 2014년 서울대 철학과 교수로 부임해 윤리학과 정치철학, 법철학을 연구하고 있다.

재, 내가 '뜨겁고 치열한 권태'라고 부르고 싶은 것을 보여주고 있는 듯했다.

김현섭 교수(44·사법연수원 32기)는 학부에서 법학을 전공하고 사법시험을 패스하고 연수원을 나온 후 판사로 임용됐다. 그는 연수원 시절 모교인 서울대학교 대학원에서 철학 공부를 시작, 미국 뉴욕대에서 철학박사 학위를 받고 다시 모교 철학과 교수로 돌아온다. 이처럼 자신의 삶에서 극적이라고 할 수 있는 전회(轉回)가 있었던 이를 만날 때, 그의 내면에 어떤 동요와 투쟁이 있었던 것인지를 상상하는 것은 인터뷰어에겐 즐거운 권한이 아닐 수 없다. 사회적으로 존경받는 직을 버리고 돌연 '낡은' 학문이라는 오해를 받기도 하는 철학을 공부하러 미국 유학을 결정했을 때 가족은 어떤 반응이었을까.

"아버지는 저의 삶에 간섭이나 개입을 안 하려고 자제를 하시는 게 느껴졌어요. 유학을 간다고 했을 때 염려하고 만류하시고 싶은 마음이 계셨을 텐데요, 결국엔 제가 하고 싶은 일을 할 수 있게 제 의사를 존중해 주셨어요. 감사한 일이죠."

법원 판사에서 철학교수로 변신한 내력이 대중적인 관점에서 보면 워낙 특이한 사례였기에 그는 왜 처음부터 철학을 공부하지 않았는지, 법학에 이어 철학을 공부한 것이 어떤 의미가 있는 것인지 그간 질문을 많이 받았을 것이다. 하지만 나도 확인하지 않을 수 없었다.

"공부에는 순서가 있고, 지금 관점에서 보면 제가 관심을 가지고 살펴보고 싶은 분야가 철학과 윤리학이라는 게 명확한데, 고등학교 때나 학부 때는 그게 잘 보이지 않았어요. 그 시절에 물리학이나 자연과학 심리학 신경과학 쪽에도 관심이 있었는데, 사실은 여러 학문을 조금씩 살펴보면서 정말 제가 하고 싶은 학문이 철학이라는 걸 확인하게 되었어요. 근본적 원리에 대한 관심이 철학으로 귀결된 거라고도 볼 수 있어요. 윤리학에 대한 관심은 유학을 가고 나서 확고해졌고요. 저는 그걸 발견이라고 표현하고 싶어요."

그럼에도 내 의문은 흔쾌히 풀어지지 않았다. 도대체 당시 그의 내면에 어떤 내적 파문이 일어났던 것인지. 나는 이런 추론을 해봤다. 이를테면 판사의 일은 가치판단에 대한 결정을 통해 사건에 대한 판결과 판정을 내리는 것이다. 판결을 내리는 순간 판사의 고민은 끝난다. 그런데 김 교수에겐 이처럼 판결을 내리는 일이 혹여 부담이나 괴로움을 안겨주지는 않았던 것일까. 자신이 내린 판결이 100퍼센트 진실과 부합하는 것이 아닐지도 모른다는 회의와 의심에서 어떤 모티프를 받은 것은 아닐까. 결국 그것이 회의와 의심으로 추동되는 철학이라는 학문으로의 전향을 결심하게 한 것이 아닐까.

"음, 어느 정도 동의합니다. 저는 비교적 제가 좋아하면서 할 수 있는 일을 찾고 싶었고 그 결과 대학에서 학생들, 동료 교수들과 함께 철학을 공부하고 고민할 수 있는 기회를 갖게 됐는데, 감사한 일이라고 생각해요. 그런데, 제가 법관으로 있을 때 지적 호기심과 갈증이 일어나서 철학 쪽으로 관심 분야를 바꾸었다는 말을 하기에는 제 법관 경력이 너무 일천해요. 그건 법관이라는 직에 대한 결례라고 생각해요. 사실, 구체적인 문제에 대해서 논리적으로 접근해서 의문화 회의, 호기심을 풀어내는 일은 기본적으로 법학이나 철학이나 동질성이 있다고 생각해요. 다만 철학이 추상도가 좀 더 클 뿐이죠. 양적인 측면에서 제 고민을 심화시키고 더 살펴볼 수 있는 분야가 철학이라고 생각했어요. 저는 법학이나 철학이 분업이나 협업이라는 측면에서 상호 좋은 자극과 도움을 주길 바라고 있습니다."

여기서 그에게 불편하게 다가갈 수도 있는 질문을 던졌다. 철학에 대해 외면할 수 없는 호기심과 흥미를 느껴 판사직을 그만두고 철학을 공부하고 그래서 학위까지 취득했을 때, 그렇게 각별하게 훈련된 지성을 대학의 강단이 아니라 다른 차원에서 발휘할 수는 없었을까. 이를테면 전업 철학가의 길 같은 것 말이다. 나의 이런 질문은 사실 아카데미즘에 대한 어떤 편견을 내포하고 있는 것이었을 텐데, 그는 우문을 나무라듯 현답을 들려주었다.

"추상도가 크고 토픽이 다양한 사회적 의제를 체계적으로 살펴볼 수 있는 시스템이나 제도가 학교에 잘 갖춰져 있고 저는 그게 저에게 잘 맞는다고 느꼈어요. 스타일상 어떤 철학자는 한 주제에 대해 혼자서 깊이 파고드는 걸 좋아하는 분도 계신데, 저는 개별적인 학문과 연계하고 협업하는 것에 관심이 있었어요. 제가 하나의 연결고리가 되어 코디네이터도 하고 있는데, 그런 과정에서 시너지가 발생하고 있다고 생각해요. 제가 공부했던 뉴욕대에서 철학과가 법학과와 콜로키움 같은 걸 하면서 이게 다 통하고 연결되는 걸 보았거든요. 그런 경험도 제가 철학자로서 학교를 택하는 데 영향을 미쳤다고 생각해요."

그의 박사학위 논문이 잘 보여주듯 그는 윤리학을 주 연구 분야로 삼고 있다. 윤리는 인간의 실제적 삶을 규범적으로 정의하는 정언적인 명령이다. 반면 법학은 인간의 현실적 삶을 강제하는 성격을 가진 실천적 규범이다. 그런데 윤리란 것은 시대적 상황이나 사회상의 변화에 따라 그 척도가 변하는 성질이 있고 법은 이를 반영해서 보강하고 개정하는 운명을 가진다. 아마도 김현섭 교수는 이 두 측면을 모두 톺아볼 수 있었을 것이다. 범박한 관점에서 보아도 법학이나 철학의 연결고리는 아무래도 윤리 또는 도덕일 수밖에 없다. 이와 같은 컨텍스트와 상호 간섭을 누구 못지않게 고민해봤을 김현섭 교수에게 우리 시대 다소 위태로워 보이는 윤리적 척도에 대해 물었다.

"넓은 의미의 윤리는 가치와 규범 일반을 가리킨다고 할 수 있는데요. 정치철학을 포함한 넓은 의미의 규범윤리학은 무엇이 도덕적으로 옳은 행위이고 우리는 어떻게 이를 행하는 사람이 될 수 있는지, 정치 권력의 행사는 언제 정당하고 어떤 법과 제도가 바람직한지 등의 문제를 다릅니다. 사람은 인식적 이유(epistemic reason) 즉 증거를 인식하고 그에 따라 믿음을 형성하며, 실천적 이유(practical reason)를 인식하는 존재라고 봐요. 예를 들어 아침에 일어나 땅이 젖어 있다면 어젯밤에 비가 왔다는 믿음을 가지게 되는 것이죠. 또한 사람은 배가 많이 고프더라도 다른 사람의 소유인 음식을 훔쳐먹지 않는 게 옳다고 생각하는 존재예요. 음식이 다른 사람의 소유라는 사실이 훔쳐먹지 않아야 할 실천적 이유를 주는데, 사람은 그 이유를 인식하고 그것을 행위할 실천이성을 지닌 존재죠. 이와 같은 사람의 이성적 능력 발휘를 방해하지 않고 존중하며 가능하면 도와야 한다는 것이 보편적인 도덕 원칙이라고 생각해요. 다만 이러한 추상적 원칙이 다양한 시대적, 사회적 환경과 맥락에 따라 조금씩 다를 수 있는데 이 때문에 도덕이 상대적이라고 시대, 사회에 따라 달라진다고 오인하기 쉽죠. 도덕이 땅에 떨어졌다는 말은 오래전부터 줄곧 있어 왔다고 하는데, 저는 기본적으로 낙관주의자라 우리 사회의 윤리도 전반적으로 나아지고 있다고 봐요. 단 적지 않은 나라에서 민주주의가 침식, 퇴행하는 것으로 보고되고, 관련하여 자유주의적 국제 질서가 쇠퇴하고 있으며 우크라이나-러시아 전쟁이 그 징표라는 관측도 있는데, 이러한 우려스러운 현상에 대해 함께 현명히 대처해 극복하려는 노력이 필요할 것이고요."

인문학의 위기에 따라서 대학교의 인문학 기반이 붕괴되고 있고, 학생들도 취업과 진로에 유리한 전공 쪽으로 몰리는 현상이 가속화되고 있는 게 현실이다. 김현섭 교수는 이와 같은 비관적인 환경에서 대학의 인문학 교실로 들어왔다. 철학은 인문학의 중심이 되는 학문이고 인간과 사회가 지향해야 하는 정신과 의지의 기준을 제시해야 하는 학문일텐데, 그에게 현장에서 느끼는 대학과 인문학의 위기가 어느 정도인지, 그 원인 진단과 함께 인문학 위기 극복의 솔루션을 물었다.

"말씀하신 이유들 때문에 인문학의 위기라는 말이 다시 운위되고 있는 듯한데요. 민주주의, 불평등, 낙태, 안락사, AI 윤리를 비롯한 여러 사회 현안이 제기하는 가치와 규범 문제에 대해 체계적이고 균형 잡힌 의견에 대한 요구가 많아지고, 그 내용을 대중이 이해하기 쉽게 전달해 달라는 수요도 상당해 보여서 인문학 열풍이란 말도 다시 들리더라고요. 이런 문제에 대해 많은 전문 연구자들이 비판적으로 협업하면서 이론적 관점을 종합하고 이를 국민들에게 전달하는 인력이 꾸준히 양성되어야 한다고 생각해요. 민주주의 사회에서 당면해 있는 과제를 협업의 형식으로 풀어낼 수 있는 인력, 시스템, 제도 등이 완비되는 데 국민들이 공감하면 '인문학의 위기'를 극복하는 데 계기가 되지 않을까 생각해요."

인터뷰 도중, 인터뷰 장소(서울대철학사상연구소)에 우연찮게도 김현섭 교수의 대학원 석사과정 지도교수님(김기현 교수)이 들어오셨다. 그분께 석사과정의 김현섭 교수가 어떤 학생이었는지 물었더니, 이런 대답을 들려주었다. "철학공부를 늦게 시작해서 그런지, 지적 욕구가 남달랐고 책을 추천하면 스펀지 빨아들이듯 금방 소화를 하더라고요." 김 교수가 학생 시절 열성적인 학생이었듯, 그는 지금은 가르치는 입장에서 열성적인 학생들을 만나는 즐거움을 알아가고 있다.

"학생들을 지도할 수 있다는 게 큰 보람이고 즐거움이에요. 연구소에서 연구만 할 수도 있는데, 교육하고 교류하는 행위 속에서 가장 많은 배움을 얻거든요. 이게 상호작용 측면에서 굉장히 중요한 의미가 있어요. 지난 1학기 종강파티를 오랜만에 했는데, 줌으로만 보던 학생들을 직접 보니까 다들 너무 반가워하는 거예요. 그걸 보면서 미안하다는 생각이 들더라고요."

그는 공부하는 게 가장 큰 행복이라고 말했다. 스트레스 역시 나름대로 열심히 한다고 하는데, 성과를 충분히 내지 못할 때 느낀다고 했다. 그는 정말 의심하고 질문하고 앎의 가능성에 다가가는 것이 즐거운 '본투비' 학인(學人)으로 보인다. 그는 이제 겨우 2년 6개월 된 큰딸아이, 7개월 된 작은딸아이와 놀아주는 시간이 여가를 보내는 방법이라고 말했다. 그 말을 듣고 나는 그가 두 딸아이로부터 그 어떤 텍스트보다 빛나는 철학적 인사이트를 읽어내리라는 믿음이 생겼다.

「법률신문 2022년 12월 1일자 게재」

판사로 있을 때 지적 호기심과 갈증이 일어나서
철학 쪽으로 관심 분야를 바꾸었다는 말을 하기에는
일천한 경력자로서 법관이라는 직역에 대한 결례

법학과 철학은 동질적, 철학의 추상도가 좀 더 클 뿐
공부하는 게 가장 큰 행복

소년원 출신 청소년들과 매달 식사를 하며 멘토 역할

김현채

서울고등검찰청 검사

서울고등검찰청 김현채 검사(60·사법연수원 23기)는 올해로 물경 30년째 현직을 지키고 있다. 법으로 정해져 있는 정년 63세를 지키고 퇴직하는 검사는 매년 손가락으로 꼽을 정도다. 뭔가 비정상적으로 보인다. 대통령과는 연수원 동기인 김 검사는 이미 후배들이 장관과 총장으로 기용되는 걸 지켜보았다. 하지만 그는 한결같이 검사실 자기 자리를 지키고 있다.

서울 대원고와 연세대 법대를 졸업한 **김현채 검사**는
1991년 제33회 사법시험에 합격했다. 사법연수원 수료 후 수원지검 검사를 시작으로
법무부 보호과 검사, 울산지검 형사3부장검사, 대구지검 마약·조직범죄수사부장검사,
부산지검 외사부장검사, 법무부 보호법제과장, 법무부 범죄예방기획과장,
서울중앙지검 공판1부장검사 등을 지냈다.
2014년 뇌출혈로 장애판정을 받았지만,
꾸준히 재활을 하며 청소년 선도 활동을 계속하고 있다.
현재 서울고검 검사로 근무 중이다.

그는 2003년 법무부 보호과 검사로 처음 범법 청소년들과 인연을 맺은 이후 2010년 다시 법무부 범죄예방정책국 범죄예방기획 수석과장을 맡아 전국 소년원과 보호관찰소 등을 관장하는 임무를 수행하는데, 이때 청소년 계도 및 복지 정책에 깊은 관심을 갖게 됐다고 했다.

그러던 2014년 겨울, 우직하고 성실하게 주어진 소임을 다하고 있던 김 검사에게 뜻하지 않은 청천벽력 같은 시련이 닥친다. 독실한 크리스천으로 검찰 내 신앙을 공유하던 검찰신우회 회장으로 모임에서 기도를 마치고 내려오던 중 뇌출혈을 일으킨 것이다.

그 일로 뇌수술을 받은 그는 2년 가까이 병가를 내고 치료 및 재활을 하는 데 전념해야 했다. 어느 정도 일상 생활에 복귀할 수 있을 정도로 건강이 회복될 즈음 그에게 또 한 차례의 고난이 닥치는데, 운전 중 자유롭지 못한 지체 때문에 기기 조작이 마음대로 되지 않아 교통사고를 피하지 못했고 또 한 차례의 뇌수술을 받아야 했던 것.

잇따른 불운의 결과 그는 오른쪽 손과 발에 5급에 해당하는 강직 장애를 안게 되었고 언어 사용에도 제약이 따라왔다. 그와의 인터뷰 자리에는 원활한 의사소통을 돕기 위해 청소년행복재단 윤용범 사무총장이 배석했다.

김현채 검사는 불편한 몸이지만 지팡이를 쥐고 자리에서 일어선 채 환한 미소로 인터뷰어 일행을 맞이하면서 미리 준비해둔 차를 권했다. 사람 수대로 컵 받침 위에 컵을 놓고 그 위에 티백 하나씩을 올려놓은 것. 그것에서부터 타인에 대한 남다른 배려심이 엿보였다.

1963년 서울에서 태어난 그는 초등학교 시절 부모님이 큰 사기를 당하는 바람에 매우 어려운 형편 속에서 자랐다고 했다. 특히 어머님의 고생이 너무나 컸다는 것이다.

"어머님 고생이 말도 못 했어요. 집안은 어려웠지만 내 딴에는 공부를 열심히 해서 조금이라도 어머님을 돕고 싶었어요. 결국 집에서 가까운 연세대 법학과에 들어갔는데, 법대도 어머님이 권유하신 것이었어요."

집안에선 등대이고 어머니에겐 유일한 희망이었을 그는 사법연수원을 수료하고 수원지검에 부임하며 검사로서의 첫 임무를 시작한다. 그러곤 대전지검 서산지청, 서울지검 서부지청, 인천지검 부천지청 등으로 부임지를 옮겨 다니면서 탄탄한 경력을 쌓는다. 그러다가 상술한 것처럼 법무부 보호과장으로 일할 때, 당시 그곳 소년과에서 사무관으로 일하고 있던 법무공무원 윤용범 현 청소년행복재단 사무총장을 운명적으로 만난다.

배석한 윤 총장의 말이다.

"그때부터 늘 하시던 말씀이 나중에 다른 자리로 가더라도 기회가 주어지는 대로 소년원을 출원한 청소년들을 위한 봉사활동을 하고 싶다는 것이었어요. 그러다가 오랫동안 연락이 끊겼다가 2019년 청소년행복재단이 만들어지고서 연락이 닿았는데, 그때 장애를 안고 계시면서도 그런 말씀을 하시더라고요. 예전의 약속을 기억하고 있고 이제는 정말 그것을 지키고 싶다고요."

그렇게 드라마처럼 시작된 미션이 매달 소년원을 출원한 청소년 두 명씩을 고검 옆 중앙지검 내 식당에 '김현채 검사 손님' 자격으로 초대해 식사를 같이 하고 자비로 구입한 책을 선물하는 일이었다. 차분한 준비를 거쳐 작년 6월부터 시작한 이 의미있는 행사는 벌써 9회가 진행됐고, 수백 권이 넘는 책이 아이들에게 선물로 주어졌다. 초대 대상 아이들을 정하는 것은 청소년행복재단 윤 사무총장이 맡는데, 부모가 없는 아이들을 우선적으로 고려한다고 했다. 김 검사가 구입해서 선물로 주는 책들은 시집 같은 문학서도 있지만 경제 상식을 다루는 책도 있다는데, 그 이유를 김 검사는 이렇게 설명한다.

"부모나 가족 같은 배경이 없는 아이들일수록 경제적인 독립이 중요하잖아요. 경제 관념과 돈의 가치를 아는 것도 중요하고요. 그래서 경제서를 선물용 도서 리스트에 넣었어요."

김 검사는 아이들과 식사를 하면서 주로 아이들 말을 경청한다고 했다. 아이들이 질문을 하면 대답을 해주는 식으로, 기성세대로서 당신의 생각을 일방적으로 강요하지 않으려 노력한다는 것이다. 그는 아이들이 조언을 요청하면 현실을 너무 좁게만 보지 말고 넓게 볼 필요가 있다는 말을 꼭 해준단다. 꿈을 잃지만 않으면 어려움을 이길 수 있다는 말과 함께. 물론 이것은 김 검사가 자신의 경험을 투사해서 체득한 시혜일 터였다.

윤용범 사무총장에겐 동행이 한 사람 있었는데, 김현채 검사의 식사 초대를 받았던 소년원 출신 젊은 친구로 이름은 문○○이라고 했다. 식사초대 이후 인연이 돼 두세 번 더 만났다고 하는데, 그 사이 정이 들었다면서 김 검사를 만나러 간다는 말을 듣고 윤 사무총장을 따라나섰다는 것이다. 이 어린 친구는 김 검사와 식사를 할 때 일부러 손놀림이 불편한 김 검사의 속도에 맞춰 천천히 수저질을 하며 대화를 나눴다고 했다. 아, 어린 친구에게 이런 사려 깊음이 있다니. 직접 김현채 검사의 멘토링을 경험한 그에게 물었다. 김 검사와 함께했던 시간의 의미가 어땠는지.

"검사님이 선물해주신 책들이 의외로 정말 다양했어요. 건강 관리에 대한 책도 있고, 법 지식이나 경제 분야를 다루는 책도 있는데, 그 책들을 읽으면서 실제 생활에 필요한 지식이 쌓이는 느낌을 받았어요. 처음 뵈었을 때는 장애 때문에 검사님이 좀 안쓰럽게 보였는네, 뵈면 뵐수록 존경하는 마음이 생겼어요. 몸은 불편하시지만 마음은 누구보다도 건강하신 거잖아요. 저에게 어떤 터닝포인트가 된 느낌이었어요."

그 말을 옆에서 듣고 있던 김현채 검사는 60의 나이에도 소년처럼 수줍게 웃었다. 그 웃음은 해피바이러스처럼 인터뷰어에게도, 배석자들에게도 빠르게 감염되었다.

비록 조촐하지만 그 어떤 과시적인 봉사프로젝트보다도 '힘이 센' 것처럼 보이는 이 행사를 옆에서 돕고 있는 윤용범 사무총장에게 물었다. 힘이 되어줄 멘토가 필요한 청소년들에게 다양한 직업군의 사람들이 그 역할을 해줄 수 있는데, 검사라는 직업을 가진, 그것도 장애를 가진 이가 멘토링을 할 때 어떤 특별한 의미와 효과를 기대할 수 있는지를.

"청소년들에게 검사라는 직업을 가진 사람은 자신들에게 벌을 주는 무섭고 두려운 존재잖아요. 그리고 장애를 가진 사람은 다른 사람과는 달리 어려움과 고통과 늘 맞서야 하는 존재이고요. 그런데 그 두 가지를 모두 가지고 있는 김현채 검사님은 그런 점에서 청소년들에게 각별한 영감과 자극을 줄 수 있는 분이라고 할 수 있어요. 검사에 대한 고정관념도 깰 수 있고 또 자신의 장애를 감수하면서 의미 있는 일을 하는 것에서 아이들이 느끼는 바가 크다고 생각해요."

김현채 검사는 자신이 겪고 있는 장애와 고통의 현실에 골몰하거나 집중하는 대신 한때 불우한 시기를 겪은 청소년들이 우리 사회의 건강한 들보로 성장하는 것을 돕는 일에 매진하고 있다. 국가공무원 신분이기 때문에 청소년행복재단 이사 등 실무진에는 참여하지 못하지만 퇴직한 이후에는 재단 일을 보다 적극적으로 도울 생각이라고 했다. 실제로 김 검사는 청소년행복재단의 가장 열성적인 홍보대사 역할을 하고 있다고 했다. 만나는 사람마다 청소년행복재단을 소개하고 후원을 부탁한다는 것이다.

최근 전국장애인차별철폐연대가 이동권의 자유를 보장해달라며 시위를 하면서 우리 사회 장애인의 권익이 이슈가 되었는데, 김 검사에게 장애인으로서 서울고등검찰청에서 현직으로 근무하는 데 실제적인 불편은 없는지 물었다. 이때도 그는 타자를 먼저 상상하고 배려했다.

"이곳에도 나처럼 장애를 가진 직원들이 또 있을 거예요. 고검에서는 장애인에게 여러 편의를 제공하고 있고 더욱이 나는 고참 검사이기 때문에 그래도 배려도 받고 불편함이 덜할 수 있는데요. 다른 평직원 같은 분들은 말 못할 어려움을 느낄 수도 있을 거예요. 누구나 장애인이 될 수 있잖아요. 그런 생각에서 조금이라도 장애인들이 불편한 게 없는지 돌아보는 태도가 필요해요."

교통사고를 당한 이후에는 직접 운전하는 게 불가능해서 출근할 때에는 항상 이용하는 택시를 사용하고 퇴근할 때는 그때그때 편의대로 택시를 불러서 이용한다는 그는 시종일관 평온한 미소를 띠었다. 문득

옆에 놓인 지팡이가 외로워 보였다.

청소년들의 자활에 유독 관심이 많은 이니까 자녀들 교육에 대해선 어떤 철학을 갖고 있는지 궁금해 물었더니, 김 검사는 장성한 딸이 둘 있다면서 아이들을 양육하는 과정에서 신앙이라는 가풍 아래에서 늘 믿고 지지하고 응원하는 쪽을 택했지 특별히 간섭이나 참견은 하지 않았다고 했다. 두 딸은 지금 공부를 하고 있다고 했다.

말이란 것은 전해지고 옮겨지는 과정에서 원형이 훼손되거나 왜곡될 수 있다. 물질 역시 손을 타면서 그 가치와 의미가 훼절되기 십상이다. 그런데 김현채 검사는 자녀들과 우리 사회에 외롭고 의지할 데 없는 타인에 대한 관심과 사랑이라는 '실천'을 유산으로 남기는 중이다. 말이나 물질과는 달리 실천적 삶은 흐르는 물처럼 고이지 않아서 탁해지거나 오염될 수 없다. 김 검사의 실천이 보다 많은 사람들에게 하나의 귀감이 되어야 할 이유다.

참고로 청소년행복재단은 전액 후원금으로만 운영되고 있다는데, 정기 후원을 하고 싶으신 분은 02-6284-0061로 신청하시면 된다.

「법률신문 2023년 3월 20일자 게재」

법무부 범죄예방기획과장 때부터
청소년 계도·복지 정책에 관심

뇌출혈로 강직 장애 안게 됐지만
소년원 출원 청소년 위한 봉사

매달 2명씩 검찰청 식당으로 초대…
경청하고 책 선물하며 격려

'선한 의지와 선한 열정' 기업과 사회에 기여하고 싶어

함윤식

㈜우아한형제들 부사장(현 법무법인 광장 변호사)

그를 만나러 가면서 내심 경계한 게 있었는데, 소위 성공한 이의 말을 그대로 받아적지는 말자는 것이었다. 그건 비록 매체를 빌어 글을 쓰는 처지에서도 명확히 가져야만 할 윤리적 태도였다. 함윤식 ㈜우아한형제들 부사장(52세·사법연수원 27기)은 내 입장에선 충분히 그런 경계를 품을 만한 커리어를 가진 이였다. 서울법대를 나와서 비교적 젊은 나이에 연수원을 나온 후 판사로 임용되고 서울고법 판사를 거쳐 로펌의 대명사인 김앤장에 갔다가 잘나가는 스타트업 기업의 경영자로 스카우트된 사람이니까 말이다. 그 커리어는 충분히 범인들을 기죽게 할

함윤식 우아한 형제들 부사장은 경기고와 서울대 법대를 졸업하고
1995년 제37회 사법시험에 합격했다. 서울지법 판사로 임관해
서울지법 동부지원 판사, 법원행정처 민사심의관, 사법연수원 교수, 울산지법 부장판사,
서울고법 판사를 지냈다. 2016년 변호사로 개업해 김앤장 법률사무소에서 활동했다.
2020년 법무법인 KHL 변호사로 일하다 같은 해부터
우아한형제들 고객중심경영부문장 겸 부사장으로 근무했고,
2025년 법무법인 광장으로 옮겼다.

만한 것이다. 여기에 스타트업 기업에 대한 내 편견까지 더해졌을 테니 더 말해 뭣하랴. 그런데 그를 만나고 나서 내가 품은 경계심이 불필요했던 거라는 걸 깨닫는 데는 채 10분이 걸리지 않았다.

그는 인터뷰 장소인 ㈜우아한형제들 방이동 사옥의 안내데스크까지

내려와서는 차와 음료를 뽑을 수 있는 라운지까지 몸소 안내하고 거기서 직접 주문 결제를 하는 것이었다. 그게 몸에 밴 것처럼 자연스러웠고 낮고 차분한 말씨와 매너 역시 배타적 권위라고는 찾아볼 수 없었다.

그는 전북 김제가 세거지라고 했다. 아버지 형제는 모두 세 분인데 큰아버지는 이념에 의해 벌어진, 사실상의 내전인 6·25 당시 경찰이었다가 북에 의해 희생되었다. 나이 차가 많이 나는 친부는 고향에서 서울로 이주해 생존을 위해 가릴 것 없이 일하다가 건축업으로 성공해 식솔을 건사했다. 그리고 그 밑의 작은아버지는 신학대를 나와서 빈촌에서 걸식하는 이들과 지내다가 매우 은유적인 질병인 폐병을 옮아 삶을 마쳤다. 바로 위 형으로부터 번번이 돈을 얻어다가 빈민들을 돕는 성자와 진배없는 삶을 살았다는 것이다.

"아버지는 결혼하자마자 그러니까 1965년경에 서울 월계동에 올라왔고 출판사 영업사원으로 일하시다가 우연한 기회에 집을 하나 지어서 팔았는데 제법 이윤이 나서 그때부터 작은 건축업을 하셨어요. 연립주택 같은 걸 주로 지으셨고 마지막에는 아파트 한 동을 지으셨어요. 그러고선 IMF를 맞으셨죠. 말년에 몸이 편찮으셔서 몇 년 앓으시다가 2019년에 돌아가셨어요."

이념투쟁 속에 삶을 마친 큰아버지, 상경해서 갖은 노력 끝에 세속적

성공을 거두고 식솔에게 생존의 터전을 남긴 아버지, 이상적인 삶을 좇다가 신화적인 삶을 마친 작은 아버지. 자신의 바로 윗대의 삶에서 전형적이라고밖에는 할 수 없는, 한국 현대사를 축약한 상처를 보았던 그에게 새겨진 것은 과연 무엇이었을까. 내 생각에는 그것은 삶에 대한 깊은 외경과 냉엄한 현실에 대한 자각, 그리고 희생에 대한 성찰이었을 것이다.

"대학교 들어가면 '현타'가 오는데, 우리 집의 가계사, 이념에 희생당한 분, 맨손으로 자수성가한 분, 이상주의적인 삶을 추구하다가 일찍 돌아가신 분, 이런 것이 안겨준 무게감 때문에 저도 3학년 때까지는 공부보다는 학생운동을 좀 했어요. 앞에서 나서서 한 스타일은 아니었고 따라다니는 정도였어요. 휩쓸리지 못했달까요. 매사 좀 우유부단하고 회의적이었는데, 만화동아리에 들어가 활동하면서 대학 생활에 그나마 흥미를 느끼게 됐어요."

그의 개인사를 듣고 있자니 어쩔 수 없이 그가 좀 음울하게도 보였는데, 다행히 그의 집무실은 16층 빛이 아주 잘 들어오는 환한 방이었다. 창밖에는 푸른 공원이 보였다. 두 평 남짓한 이 방을 회사로부터 배정받은 지는 석 달 정도밖에 안 됐다고 했다.

"우리 회사는 대표님만 방이 있었어요. 그것도 그나마 얼마 안 됐다고 해요. 부사장이든 누구든 직급을 막론하고 모든 구성원들이 책상 하나씩 받아서 같은 조건에서 일했어요. 그리고 호칭도 이름 뒤에 '님'자를 붙이는 걸로 통일했어요. 그래서 직원들이 저를 윤식님이라고 부르고 있어요. 저도 의장님을 봉진님이라고 부르고 있고요."

조금 이르게 그에게 질나쁜, 어쩌면 무례하게 들릴 수도 있는, 하지만 하지 않을 수는 없는 질문을 던졌다. 그는 서울고법 판사에서 대형로펌 변호사로, 변호사에서 각광받는 스타트업 회사의 CEO로 변신을 했는데, 그의 이런 행보는 어떤 관점에서 보면 존경받는 직에서 세속의 자리로 내려오는 과정이다. '세속화' 과정이라고도 볼 수 있는 것. 그는 어떻게 이런 결정들을 하게 되었을까. 여기에는 어떤 욕망이 개입되어 있을까.

"법원에서 나올 때 주변의 많은 분들이 의아해했어요. 그런데 변호사를 하다가 다시 기업으로 간다고 하니까 그때도 의아해하시더라고요. 그런데 제가 사실은 호기심이 많은 편이에요. 저에게 가장 중요한 것은 소속이 어디든 내가 함께 일하는 분들에게, 그리고 사회에 도움이 될까 하는 거였어요. 사실 법조인은 우리 사회 각 분야에 가치를 재분배하는 것이 일이고 기업은 가치를 생산하는 것이 일이잖아요. 기업에 들어가서 사회에 필요한 가치를 생산하는 데 힘을 보태는 것도 의미가 있겠다는 생각을 한 거죠. 법조인은 또 원래 좀 회고적인 성향이 있는데, 기업은 미래지향적이잖아요. 새로운 감각과 톡톡 튀는 아이디어도 필요하고요. 그래서 고민이 많긴 했는데, 여기 김봉진 의장님이나 김범준 대표님이 흔들려서는 안 되는 가치도 이해하는 분들이더라고요. 우리 사회 구성원 모두의 이익을 위해서 무엇을 할 수 있는지를 계속 고민하는 분들이었고요. 그것에 교감하게 되어 합류를 결심했죠."

함윤식 부사장은 이제 2년 남짓 기업의 경영자로 살고 있다. 그가 이곳에서 맡고 있는 정확한 역할은 고객중심경영의 최고책임자로서 식당 사장, 라이더, 고객 가운데에서 이해관계를 조율하고 갈등을 해소하면서 회사가 지속가능한 성장을 할 수 있도록 돕는 것이다. 그런데 역할에 대한 확고한 자각만으론 이처럼 막중한 미션을 수행하기는 어려울 터. 그는 대체 어떤 마법의 '비단주머니'를 가지고 있는 것일까.

"법조계에 있을 때 노동사건을 제법 맡았는데, 갈등 당사자 간에 극한 대립만 할 게 아니라 다 같이 윈윈할 수 있는 해법을 찾으면 좋겠다는 생각으로 열심히 고민했던 기억이 있어요. 재판이란 것은 기본적으로 상대방을 비난하는 구조인데, 늘 마음속에서 화해와 조정에 대한 갈망 같은 게 있었죠. 그래서 양자를 모두 만족시키는 판결을 하기 위해 노력을 했어요. 그런데 사실 그게 판사로서는 바람직하지만은 않은 태도예요. 소신을 갖고 칼날 같은 판결을 내리는 분들이 좋은 판사님들이죠.(웃음) 이 회사의 경영진 역시 상생과 공존에 대한 고민을 많이 하는 분들이었고 이분들을 도와드리고 싶었어요. 플랫폼이라는 기업의 숙명도 이해가 얽혀 있는 다자多者 사이에서 다같이 행복할 수 있는 묘수를 찾는 것일 테니까요."

그는 삶을 사는 동안 무엇이 되어야겠다라는 생각은 해본 적이 없다고 했다. 보편적인 관점에서 인생은 행복과 기쁨을 추구하는 것인데, 그것이 무엇이 되어 있다고 해서 보장되는 것은 아니라는 것이다. 그가 겪어보니 남을 도울 수 있는 데서 가장 큰 기쁨과 행복감이 느껴지더라고 했다. 그런 선한 의지와 명분이 있을 때 열정도 생기더라는 것이다. 그가 사법연수원 교수를 할 때 제자들에게 들려준 말이 있다고 했다. 성실하기만 하면 어느 집단이든 3분의 1 안에는 들 수 있고, 10% 안에 들기 위해서는 열정이 있어야 하고, 2% 안에 들기 위해서는 희생정신이 필요하다고(그것은 아마도 그 자신에게 다그쳤던 마음의 소리였을 것이다). 그러면서 그는 "우리 회사는 쓰레기는 본 사람이 줍는 원칙이 있다"고 말했다.

그에게 첨예하게 고조되어 있는 우리 사회의 갈등지수를 줄이기 위해 법조인과 기업인들은 어떤 역할을 할 수 있을지 물었다.

"성소수자나 장애인들이 내는 목소리는 갈등 프레임으로 봐서는 안 된다고 생각해요. 그분들은 실질적 평등을 위해 보호받을 대상이죠. 갈등이 없는 사회는 없다고 보는데요. 우리가 젊었을 때는 김수환 추기경 같은 분이 갈등을 중재하고 중심을 잡아주셨거든요. 그런 분들에 대한 사회구성원들의 존중도 있었고요. 그런데 지금은 그런 좋은 권위가 무너진 시대 같아요. 갈등을 봉합해줄 리더가 없는 거죠. 리더십의 부재, 리더가 사라졌기 때문에 갈등의 양상이 점점 더 악화되는 것 같아요. 정치권이나 종교계에도 과거처럼 국민 다수의 존경을 받는 리더가 잘 안 보이고요."

함 부사장은 지난달 국회 국감에 출석해, 식당 사장님들이 부담을 느끼는 배민의 배달료에 대한 추궁성 질문을 받았다. 그 자리에서 그는 기업의 도리를 다하겠다고 말했다. 그게 무슨 뜻인지 설명해달라고 요청했다.

"온라인 기반 기업이 성장하니까 법적 규제를 해야 한다는 법안이 제출됐고 공정위나 과기부에서도 온라인 플랫폼 관련 법률을 손보자는 이야기들이 있었어요. 그런데 정부가 바뀌니까 자율규제라는 말이 나오기 시작했어요. 그러니까 법적 규제에서 자율규제로 선회하는 분위기가 생겼는데 지금 정치권에서 활발한 논의, 논쟁을 하고 있어요. 저희는 당사자인데도 어떤 것이 옳다고 말하는 건 외람된 일이라고 생각하고요. 회사 입장에서는 어떤 방식으로든 규제에 대한 가이드가 마련되면 기업으로서 그것을 존중하겠다는 뜻이었어요. 운영의 묘를 살려서 라이더나 식당 사장님들이 어려워하는 부분이 있으면 이걸 해결해주는 게 플랫폼 기업의 도리라고 생각하니까요."

그는 확실히 상생과 공존이라는 키워드를 강조했고 그런 이야기를 할 때 목소리에 더 활기가 돌았다. 그는 현재 위탁계약 형식으로 일하고 있는 라이더들을 직고용하기 위해 딜리버리앤이라는 자회사를 만들었고 친환경 전기오토바이를 라이더들에게 제공하고 있다고 했다. 직고용 라이더들은 완전 월급제에 인센티브가 들어가는데, 라이더들이 좀 자유롭게 일하는 걸 선호해서 그런지 직고용에 대한 호응이 아직은 생각만큼 높지 않다고 말했다. 전기오토바이 활용도가 미흡한 문제를 해결하기 위해 어떤 보완을 할 수 있는지 고민이 많다고 했다. 전기오토바이 보급 시스템의 효율성을 높이는 차원에서 전기오토바이 업체에 투자도 하고 있다고. 그는 느닷없이 한국의 잔디 이야길 했다. 한국 잔디는 줄기와 뿌리가 모두 이어져 있어서 하나를 뽑으면 다 일어난다는 것이다. 낱개로만 쑥 뽑히는 미국의 잔디와는 다르다는 것이다. 그렇다면 그는 납작 엎드린 잔디에서 상생과 공존을 읽었던 것일까.

대화를 마칠 즈음, 나는 그가 아버지 세대의 유산을 섬세하게 헤아리고 있는, 현실과 이상 사이에 끼인 삶의 곡진하면서도 치명적인 의미를 이미 알고 있는 사람이라는 생각이 들었다. 이미 알아버린 자는 자존에 취해 경거망동할 수 없는 법이다. 타인과 함께 살아갈 수밖에 없는 삶의 진중한 의미에 말과 행동을 여밀 뿐. 그가 선한 의지와 열정을 품을 수밖에 없는 이유다. 그는 지금 적응 중인 회사 생활에 아주 만족하고 있고 자신이 이곳에 도움을 줄 수 있다고 믿는 한에는 다른 욕망이 전혀 없다고 했다. 아내와 새벽에 자전거를 타거나 청계산 밑에 있는 작은 주말농장을 운영하는 것이 스트레스를 푸는 낙이라고 전했다.

「법률신문 2022년 11월 21일자 게재」

"
직원들이 저를 윤식님이라고 부르고
저도 의장님을 봉진님이라고 부른다

법조인은 가치를 재분배하는 것이고
기업은 가치를 생산하는 것이 일

우리 회사는 쓰레기는 본 사람이 줍는 원칙이 있다

규제 가이드가 마련되면 기업으로서 존중하겠다
"

은퇴 이후의 삶, 고위공직자의 가장 아름답고 모범적인 사례

양 건

전 감사원장

안경알 너머로 반짝이는 안광이 예사롭지 않았다. 낡은 서가에서 100년 동안의 고독을 깨고 나와서는 태초의 햇볕과 마주친 견유학파의 깊고 그윽한 눈동자였달까. 역시나 그가 말문을 열었을 때 넉넉한 미소와 함께 현자의 문기(文氣)가 바투 드러났다. 양건 전 감사원장(75)은 동대문야구장에서 고2때 야구선수로 출전해 안타를 쳤던 이야기부터 꺼냈다. 물경 58년 전 이야기다.

"그날 아버지도 경기장에 오셨는데, 제가 빗맞은 안타를 쳤던 기억이

함경북도 청진 출신인 **양건 전 감사원장**은 경기고와 서울대 법대를 졸업하고 서울대 대학원에서 법학 석사, 텍사스대학교 대학원에서 비교법학 석사, 서울대 대학원 법학 박사 학위를 취득했다. 그는 숭전대 법학과 교수, 한양대 법대 교수, 경제정의실천시민연합 시민입법위원회 위원장, 한양대 법과대 학장, 한국교육법학회장, 한국공법학회장, 대검찰청 감찰위원회 부위원장, 국민권익위원장, 세계옴부즈맨협회 아시아지역 부회장, 한양대 로스쿨 교수 등을 지낸 뒤 2011년 제22대 감사원장을 역임했다. 1987년 한국공법학회 학술장려상, 2002년 제6회 한국법학원 법학논문상을 수상했다.

나요. 저희 때는 고등학교 시절을 즐겁게 보냈어요. 2학년 때까지는 하고 싶은 거 하면서 놀고 3학년 때 바짝 입시공부를 하는 식이었어요. 저도 3학년이 돼서야 입시 준비를 했어요. 그러다가 대학에 가니까 철이 나더라구요. 의식 속에 지적 각성과 함께 어떤 분열이 일어났지요."

양 전 감사원장은 함경북도 청진 출생이다. 할아버지 때 만주 용정에 정착했는데, 해방 이후 청진에 내려왔단다. 아버지는 문방구를 수입하는 합자회사를 운영했고 국제적인 감각이 있는 분이었다. 그러다가 교유하던 지인들이 사상 문제에 연루되자 월남을 결심한다. 양 전 원장은 그 날짜를 정확히 기억한다. 첫돌이었던 1948년 9월 9일이었고 어머님의 등에 업혀 한탄강을 건넜단다. 남쪽으로 내려온 이후 아버지는 화공약품을 수입하는 업체를 운영하며 권속을 돌봤다. 외가 쪽은 명문가로 어머니는 광명여고를 졸업하고 청진에서 은행원으로 재직했다고 한다. 교육열이 남다른데다 양건 자신이 워낙 영특했기에 서울사대부속국민학교와 경기중 경기고를 거쳐 서울대 법대에 진학한다.

양건 전 감사원장은 이명박 정부에서 초대 국민권익위원장을 맡고 이 대통령의 집권 후반부에는 감사원장으로 임명되었다. 보통 법관이나 법조인 출신들이 맡아온 감사원장을 학자 출신으로서는 처음 맡게 된 것. 공직생활 외엔 평생 대학의 강단을 지킨 그 선택의 배경에는 뭐가 있는지 궁금했다.

"대학 시절 제 안에 두 가지 상반된 욕구가 있었어요. 글을 쓰는 문사가 되고 싶은 마음과 함께 정치적인 행동가에 대한 야망이 있었죠. 그래서 정치에 뜻을 품기도 했지만 결국엔 정치에 뛰어들진 않았어요. 소심한 측면도 있었고요. 그런데 가만 보니 정치와 가장 가까운 법학이 헌법이더라구요. 그래서 헌법학을 공부하게 됐죠. 그 무렵 나중에 노동부 장관을 지내는 노동법 전문가 이영희 선배가 학회 서클을 지도했는데 그분으로부터 제법 영향을 받았어요. 그 선배가 일본 원서를 읽어보라고 권해서 일어 공부를 위해 청계천 헌책방에 나가 사전이나 원서를 구입해 읽는 동안 지적 욕구를 충족시킬 때의 즐거움에 눈을 뜨게 된 거예요. 그게 학문을 하게 된 계기가 되었죠. 동숭동에서만 6년을 공부했는데, 돌아보면 그 시절이 제 삶에서 가장 순정했던 순간이었어요."

감사원장 양건은 취임하자마자 야심차게 대대적인 사학재단 감사에 돌입한다. 당시 대학 한 학기 등록금이 1천만 원을 돌파하면서 대학의 방만한 운영에 대한 국민들의 원성이 높아질 대로 높아졌을 때였다. 당시 이야길 들려달라고 했다.

"국공립·사립대학을 전면적으로 감사한 건 그때가 처음이었고 감사 인력만 400명 이상을 투입했어요. 제가 한양대 교수였고 MB는 고대 출신이었잖아요. 그래서 그런지 두 대학에서 유독 감사에 비협조적이고 저항하는 분위기가 있었어요. 저는 고대와 한양대의 감사가 이번 감사의 전체 성패를 좌우한다고 봤어요. 그래서 더 철저히 했죠. 제가 발심(發心)이 어려운데 한번 발심하면 몰아붙이는 경향이 있어요. 감사가 지지부진하자 각 팀장들을 토요일에 소집해서는 고대 담당 팀장을 지목하면서 엄하게 다그치기도 했어요. 결국 사학감사의 결과와 반응이 모두

좋게 나왔죠. MB가 고마운 것이, 결과가 좋아서이기도 했겠지만 개입을 안 했어요. 취임해서 시작한 감사이고 성과도 있어서 보람을 느낀 일이었어요."

양 전 원장이 공직을 맡은 건 4년 정도다. 그 나머지 시간을 그는 헌법학자로 살았다. 헌법 연구의 권위자로서 한국의 국체, 통치 체제에 대한 생각을 묻지 않을 수 없었다. 1987년에 제정된 현행헌법은 5년 단임 대통령중심제를 채택하고 있다. 그는 과연 현재 우리 사회와 국가 시스템에 가장 효율적인 통치 체제를 뭐라고 생각하고 있을까.

"저는 어떤 제도가 가장 리스크가 적느냐를 따지는 게 중요하다고 생각해요. 현재 5년 단임제는 국정의 연속성에 심각한 문제가 있어요. 그리고 4년에 한 번씩 뽑는 국회의원 임기와도 어긋나서 여소야대 상황이 발생할 가능성과 함께 비효율을 피할 수 없어요. 그래서 5년 단임제는 반드시 고쳐야 해요. 저는 결국 그 나라의 정치 문화가 가장 중요하다고 생각해요. 내각제를 많이들 얘기하는데, 같은 내각제라고 해도 북유럽과 서유럽, 남유럽이 다 다르거든요. 내각제는 선거를 통해 의석수에 따라 일원적으로 정부가 구성되고 거기서 정당성이 나와요. 그런데 대통령제는 대통령 선거와 국회의원 선거가 따로 치러지기 때문에 필연적으로 이원적인 정당성이 나오게 돼요. 여소야대 상황 같은 게 그것이죠. 이런 구조는 타협적인 정치 문화를 만들어내지 못하는 한계가 있어요.

통치체제의 문제는 국지적인 관점에서 볼 게 아니라 지구적인 관점에서 볼 필요가 있고 현대 민주주의의 위기를 드러내는 측면도 있다고 생각해요."

초대 국민권익위원장을 지내고 감사원장을 지낸 그의 눈에 지금 벌어지고 있는 감사원과 권익위원회 위원장 사이의 힘겨루기가 어떻게 비쳐지고 있는지도 궁금했다. 논평하기가 상당히 미묘하고 까다로운 사안이었을 게 분명한데, 그는 너무나도 정확하면서도 설득력 있는 총평을 내놓았다.

"초대 위원장으로서 권익위에 애착이 있는데요. 저는 먼저 권익위원회에 대한 우리 사회의 정확한 규정이 필요하다고 생각해요. 권익위는 총리실 직속 행정기관이지만 사정 기능을 가지고 있어서 사무적으로는 독립기관이에요. 원론적으로 위원장의 임기는 지켜지는 게 맞아요. 그런데 현실적으로 원론만 말하는 게 맞지 않을 때가 있어요. 권익위는 사정 기능을 가진 독립기관이기 때문에 정치인 출신이 위원장을 맡는 게 부적절해요. 그런데 현재 위원장도 그렇고 보수정권에서도 정치인 출신들이 권익위원장에 가는 경우가 많았어요. 거기에 문제의 불씨가 있다고 생각해요."

그렇다면 감사원장을 하다가 정부와 마찰을 빚고 중도 사퇴한 후 정치로 직행한 최재형 원장의 케이스는 어떻게 봐야 하냐고 물었다. 아울러 지금의 정치 상황에 대한 비평도 부탁했다.

"감사원장이 임기를 채우지 않고 중도에 사퇴한 후 정치에 참여하는 게 정상적이지는 않죠. 그런데 최재형 원장 케이스는, 내가 가만 보니 좀 특별한 게 있어요. 이건 나의 느낌인데, 최 원장의 정치 참여는 사적인 야망이 아니라 하나의 윤리적 결단이나 소명의식의 소산으로 보여요. 최 원장이 추진한 탈원전 정책 감사에 가해진 시련은 내가 겪은 것보다 훨씬 심한 것인데 그것에 맞서는 걸 보면서 용기 있는 분이라는 생각이 들었어요. 저는 1987년 이래 지난 정부부터 지금까지 이어진 일련의 정치가 최악이라고 생각해요. 지금 정치는 경제적 이익까지를 포함하는 사익을 추구하는 정치예요. 그리고 상대방을 죽이려 드는 적대 정치죠. 정치는 공의를 보면서 해야 하는데, 이런 정치로는 정말 길이 안 보여요."

비관적 전망에 따른 당연한 입장이겠지만 그는 혹여 공직제의가 오더라도 받아들일 생각이 없다고 말했다. 실은 윤석열 정부가 들어설 때 모종의 제안이 있었는데 수용하지 않았다고. 정치와 공직이 과연 어떤 의미를 발생시킬 수 있을지 회의적이라는 말도 했다. 일순 그의 초상에 그가 탐독했다는 최인훈 소설 《회색인》의 주인공 독고준의 고독이 겹쳤다. 이상과 현실을 교직하는 인간의 길에 대한 깊은 응시와 성찰, 그리고 침사 끝에 이 영민한 헌법학자가 알아버린 진실은 무엇일까.

“제가 볼 때 지금은 불확실성의 시대예요. 이런 상황에서 법은 질서 유지를 가장 상위 목표에 놓아야 한다고 생각해요. 그런 이유에서 법조인은 기본적으로는 보수적인 역할을 해야 하는 게 낫아요. 법이 진보를 말할 때는 진보적으로 문제를 해결해야 할 정치세력이 그 역할을 하지 못할 때만 예외적으로 허용돼야 해요. 미국에서 인종차별 문제를 정치적으로 해결하지 못할 때 대법원에서 차별이 불법이라는 판결을 내리면서 해결한 것이 그런 사례죠.”

알려진 것처럼 그는 정권이 바뀌는 와중에 정치적 논란과 외압과 관련해 감사원장 임기를 다 채우지 못하고 퇴진했다. 그때의 상황에 대한 입장을 털어놓으면 어떻겠느냐고 내심 유도했는데, 양 전 원장은 초탈한 듯한 눈빛과 목소리로 그에 대해서는 말을 안 하는 게 좋겠다고 했다. 지나간 일에 대해 구구절절 언급할 필요를 못 느낀다고 했다. 누구도 원망하고 싶지 않다고. 지나간 것은 지나간 대로 놓아두고 싶다고 했다. 그러면서 화제를 돌린다.

“제가 은퇴하고 10년차인데, 법이론서와 법철학 책, 산문집 등 세 권의 책을 냈어요. 책을 쓰는 게 참 행복했어요. 대학에 있을 때는 저 자신이 학자라는 생각이 들지 않았는데, 그제서야 학자가 됐구나라는 느낌이 들더라구요.(웃음)”

그는 돌연 다시 야구 이야기를 꺼냈다. KBO에서 잠실야구장을 돔구장으로 개축하려는 움직임이 있는데, 당신은 그걸 반대한다고 했다. 그가 이유로 든 게 뭐냐면 야구장을 지붕으로 덮어버리면 하늘을 볼 수 없다는 것이었다. 야구는 하늘을 보는 스포츠인데 그 매력이 사라진다고.

짐작컨대 양건 전 감사원장은 비관적 낭만주의자이면서 지적 에스프리가 빛나는 현실주의자이고 또 아이디얼리스트로도 보였다. 그 세 가지 지향이 그의 영육 안에서 통합되어 미증유의 매력을 뿜어내고 있었다. 그는 은퇴한 자리가 현직보다 빛날 수 있음을 보여주는 생생한 증인이 아닐까 싶었다.

그가 지난 8월 펴낸 산문집 제목은 《하산길》이다. 삶이라는 등정을 마치고 이제 내려오는 길에 대해서, 그 길의 새삼스러운 풍경에 대해서 깊고 높은 사유가 가득한,문학적 기품이 미만(彌滿)한 귀한 증언집이다. 그는 만 한 살 때 어머니 등에 업혀 강을 건너 이곳에 다다랐다. 내가 생각할 때 그가 올랐던 가장 높은 고지는 어머니의 등이었을 테다. 그리고 그 등에서 내려온 후 그는 자기 몫의 삶을 피하지 않고 충실하게 감당했다. 하산길의 아름다움은 그가 올랐던 곳의 의미를 아는 이에게만 잘 보이는 법이다.

「법률신문 2022년 10월 31일자 게재」

대통령 5년 단임제는 국정 연속성에 심각한 문제

최재형에 가해진 시련은 내가 겪은 것보다 훨씬 심한 것

지금은 불확실성의 시대… 법은 질서 유지를 가장 상위 목표로

지나간 것은 지나간 대로 놓아두고 싶다

굽은 나무처럼 마지막까지 검찰이라는 산그늘 지켜

김후곤

전 서울고검장(현 법무법인 로백스 대표)

전 국민의 이목이 쏠린, 윤석열 정부 첫 번째 검찰총장 후보로 마지막 순간까지 인사권자에게 고민을 안겨준 인물이라고 했다. 그를 만나러 가는 길에 가슴속에서 설렘과 긴장이 뒤섞인 모종의 흥분이 일 수밖에 없는 이유였다. 그리고, 인터뷰를 마칠 즈음, 나는 그가 그만한 도량을 가진 재사였음을 별 거부감 없이 수긍할 수밖에 없었다.

김후곤(57·사법연수원 25기) 전 서울고검장은 2022년 9월, 26년 6개월 동안 몸담았던 검찰을 떠나는 자리에서 이원석 검찰총장 후보자를 두고 "정

김후곤 전 서울고검장은 경남 남해 출신으로 서울 경동고와 동국대 법대를 졸업했다. 1993년 제35회 사법시험에 합격했다. 1996년 사법연수원을 제25기로 수료한 뒤, 서울지검 북부지청에서 검사 생활을 시작했다. 특수통이자 기획통으로 평가받는다. 서울중앙지검 검사, 법무부 송무과 검사, 거창지청장, 대검찰청 정보통신과장, 대검 대변인, 서울중앙지검 특수1부장, 대검 반부패부 선임연구관 등을 거쳤다. 검찰 안팎의 신망이 두텁다. 검사장 승진 뒤에는 대검 공판송무부장, 법무부 기획조정실장, 서울북부지검장, 대구지검장 등을 거쳤다. 2022년 9월 서울고검장을 끝으로 검찰을 떠났다. 법무법인 로백스 대표변호사로 활동 중이다.

치적 중립성과 수사 공정성을 지킬 사람이라며 이원석 검찰이 성공하여 검찰의 봄이 오길 기대한다"고 말했다. 이와 함께 '검수완박' 법안을 비판하며 "정의로운 것은 정의롭게 끝날 것이다. 이미 그 길로 가고 있다"라고 소신 발언을 하기도 했다.

이원석 총장은 이날 이례적으로 직접 꽃다발을 들고 이임식에 참석해 자신에게 길을 내어준 선배와 뜻깊은 포옹을 하기도 했다. 그에게 먼저 더 이상 검사가 아닌 것이 실감이 나냐고 묻고는 두어 달 전에 있었던 퇴임의 소회를 들려달라고 했다.

"제가 대구지검장으로 있을 때 검수완박이 시작됐는데 법무부에 사표를 냈어요. 그런데 수리가 되지 않은 채 정권이 바뀌었고, 인사발령을 받아 서울로 오게 됐죠. 그 와중에 대검찰청 대변인 출신이라는 빚이 있어 검수완박을 비판하는 의견을 방송에 나가 표명하기도 했는데, 그건 검사로서 마지막 봉사라고 생각했어요. 총장 후보로 거명된 건 과분한 일이었고 대통령의 인사가 있은 후 조직의 안정과 효율을 위해 미련 없이 퇴임을 결정했어요."

그는 경남 남해에서 태어나 푸른 자연의 품에서 자라다가 여덟 살 무렵 자식에 대한 교육열이 높았던 부친의 결단으로 서울로 상경, 당시 이주민들의 '가나안 땅' 격이었던 상계동에 정착했다고 한다. 그의 가족은 1960년대부터 있었던 대규모 이농 러시의 막차를 탔던 셈이다. 기술직 하급 공무원이었던 아버지는 3남 1녀의 자녀들에게 매사 겸손하라고 침이 마르도록 말했다고. 이후 '겸손'은 차남인 그가 검사가 되어서도 평생 잊지 않은 금과옥조가 되었다.

최고위직 검사 출신으로서 '비윤'으로 분류됐던 그에게 다소 짓궂게 검찰 출신에게 편중됐다는 현 정부의 인사에 대한 촌평부터 부탁했다.

"검찰 내에서 대통령과 가까운 사람들을 검찰 요직에 배치한 건 사실인 듯해요. 그런데 청와대나 정부에 대통령이 잘 아는 인재를 데려다 쓰는 건 자연스러운 일이에요. 코드인사라는 말이 노무현 정부 때 나온 말인데, 문재인 정부도 그랬고 한국이든 세계 어느 나라든 코드인사를 안 하는 정부가 있을까요. 그 사람이 그 자리를 맡는 게 업무의 적절성을 볼 때 최선인가를 비판하는 게 맞죠. 소위 윤석열 사단은 약진하고 다른 쪽은 피해를 봤다는 평가가 있는 것도 알고 있지만, 이원석 총장이 특수통이긴 하되 공판, 형사, 기획 업무에 대한 관심과 이해도가 높은 사람이기 때문에 적재적소에 인사를 하려고 노력했다고 생각합니다. 윤석열 정부의 인사를 편중인사로만 보는 것은 일종의 착시현상이라고 생각해요."

그렇다면 윤석열 정부가, 직전 정부가 검찰개혁을 추진하는 과정에서 생채기가 난, 여전히 국민들로부터 의혹의 눈초리를 받고 있는 검찰이 신뢰를 회복할 수 있도록 정치적 중립성과 자율성을 보장할 수 있을까. 이 의문은 현 정부 지지자든 비판자든 공히 갖는 것일 텐데 이에 대한 그의 생각을 물었다.

“지금이 공정성과 독립성을 이룰 수 있는 가장 좋은 기회라고 생각해요. 검찰 출신 대통령이 검찰의 중립성이나 독립성을 훼손하는 방향으로 가면 그건 대통령 자신이 검찰에 있을 때 피력했던 소신에 반하는 자기부정이 되니까요. 그러면 검찰이 무너질 뿐만 아니라 정부 자체가 국민 신뢰를 잃어버리는 자충수가 될 수밖에 없어요. 제가 아는 한동훈 장관이나 이원석 총장은 정부나 대통령에게 일방적으로 끌려 다닐 사람들이 아니에요. 그래서 기대가 있어요.”

김후곤 전 고검장도 그런 사례에 속하지만 검찰 내에서 특수부 출신들이 다른 부서 출신에 비해 승진과 고과에서 유리한 측면이 있고 결국에는 ‘꿀보직’으로 영전하는 경우가 많았는데, 이에 따른 검찰 조직 내 비판적 시선과 불만이 있는 것을 아느냐고 물었다.

“네, 그 불만을 저는 알고 있고 이해도 합니다. 특수부가 상대적으로 외부에 많이 알려진 사건들을 하는 경우가 많았고 그 결과에 대해 인사권자들도 관심을 두지 않을 수밖에 없는 분위기가 있었다고 생각해요. 저처럼 조직에서 혜택을 받은 사람들은 겸손하게 내부에서 묵묵히 일하면서 소외된 동료들의 목소리에 귀를 기울여야 한다고 생각합니다.”

검찰에 지나친 힘과 권한이 집중된다고 보는 이들은 여전히 들썩거리는 검찰의 어깨를 찍어누르려는 방안을 강구한다. 검찰개혁의 방향

역시 검찰의 힘을 빼는 데에 방점이 찍혀 있다는 걸 이제 모르는 사람은 없을 것이다. 지난 6월, 민주당 최 모 의원이 검찰의 급여를 일반공무원과 일원화하는 소위 '검수월박' 법안을 발의한 것도 그런 일환일 테다. 이에 대해서 김 전 고검장은 일고의 여지도 없이 반대의견을 피력했다.

"검사들에 대한 처우는 법원과의 상대성, 효율적 체계를 감안해서 정해진 것인데요. 늘 심대한 책임감을 갖고 사회적인 사건을 해결해야 하는 검사들에게 그 정도의 격려와 보상은 필요하다고 봐요. 평검사가 3급 대우를 해달라 검사장이 차관 대우 해달라고 직접 말한 적은 없거든요. 한국 검사들의 현재 처우는 일본이나 미국 검사들에 비해서 여전히 두세 배 정도 낮은 것도 현실이고요. 직군의 특성을 의도적으로 무시한 민주당 최 모 의원의 솔루션은 다분히 감정적인 측면이 있다고 봅니다."

개인적으로 그의 말에 동의가 되는 것이, 검사들은 사정 권한을 가진 공직자로서 필수적으로 안정적인 지위가 필요하다는 생각이 든다. 그렇지 않을 경우, 그들에게 접근하는 다양한 유혹에 대한 입장을 검사 개인이 각자 알아서 정하라는 것밖에는 안 되기 때문이다. 이거야말로 비효율이다.

이야기가 진척되는 계제에 그와 악연이 있는 것으로 알려진 한 검사에 대한 이야길 안 물을 수 없었다. 그와 대체 어떤 일이 있었던 거냐고. 그는 차분하게 이야길 시작했다.

"조국 장관이 특정 검사를 법무부에서 쓰고 싶다고 하시더라고요. 그때 제가 조국 장관에게 그랬어요. 그런 결정을 하기 전에 그 검사가 검찰의 평검사들로부터 어떤 평가를 받고 있는지를 살펴보면 좋겠다고요. 검사로서 기본 책임을 성실하게 수행하고 있는지, 실력이나 자질을 체크하고 쓰시라고 했어요. 그때 법무부에 있는 다른 후배 검사들이 그 검사가 오면 자신은 그만두겠다고 하는 등의 소동이 있었어요. 그 검사는 내가 자신에게 반감을 갖고, SNS에 글 쓰는 걸 자제하고 전직 총장에 대한 고소·고발을 취하하는 조건을 받아들이면 받아주겠다는 소위 부당거래를 제안했다고 비판했는데, 그 조건은 제가 아니라 조국 장관이 저에게 먼저 물은 거였어요. 제가 거기에 대해 뭐라고 할 수 있겠어요. 저는 인사에 따른 조건을 제시할 수 있는 위치도 아니었고 그런 조건을 제안하는 건 인사권자만 할 수 있는 일이에요. 그런데 그걸 교묘하게 비틀어서 저를 악인으로 만들었어요."

그의 표정이 씁쓸해지는 찰나 내가 마저 물었다. 검찰 내부에서 그런 것이 왜 통제가 안 되는지를.

"불협화음이나 잡음을 일으키는 검사들은 징계를 통해서 통제할 수 있는데 그런 일을 대검 감찰부가 해요. 예방적 감찰 활동 등 시스템이 있죠. 그런데 그런 부서장에 추미애 장관은 정치 성향 논란이 있는 분들을 감찰부에 썼어요. 한명숙 전 총리가 기소되어 일부 무죄판결과 함께 대부분 대법원에서 유죄판결을 받은 일이 있었는데, 이걸 정치적 공세로 받아들인 추 장관 측이 그 사건을 진행한 검사들을 징치하는 데 그 분들을 쓴 거예요. 감찰부가 정치화되었는데, 어떻게 건강한 통제가 이뤄지겠어요."

김 전 고검장은 여전히 조금도 자세를 흩뜨리지 않고 자신의 심사를 적잖이 괴롭혔을 비사를 차분하게 털어놓았다. 그의 비판적 언술 속에 실명이 등장하긴 했지만, 내가 듣기에 그건 특정인에 대한 비난이나 흉이 아니라, 그런 일이 벌어질 수밖에 없었던 그 시퀀스에 대한 자신의 비애감을 표현하는 것에 더 가까운 것이었다.

그즈음 인터뷰의 클라이맥스로 나아갈 때가 되었다는 느낌이 왔다. 조국 전 장관과의 얄궂은 인연에 대해서다. 김 전 고검장은 2019년 조국 사태 당시 법무부 기획조정실장으로서 사태의 시종을 지켜봤다. 보직에 따라 그는 조국 장관 후보자의 청문회준비단장을 맡았는데, 그때는 이미 언론이나 여러 루트를 통해 조국 전 장관이 직을 수행하기에 부적절하다는 시그널들이 하나둘씩 나오고 있을 때였다. 검사로서의 판단과 청문회준비단장으로서의 책임이 맞부닥쳤을 당시 그의 흉중에 얼룩졌을 모순과 분열의 풍경을 들여다보고 싶은 건 일종의 사디즘이었을까.

"검사 생활을 하는 동안 심적으로 가장 어려운 때였어요. 지금 창원지검장으로 있는, 저랑 같이 일하던 후배는 마음고생 때문에 이가 다 빠질 정도였어요. 당시, 지금 개혁 법률의 얼개가 된 법안을 문무일 검찰총장을 패싱한 채 민정수석, 법무부장관, 행안부장관 3자 합의로 통과시킨 조국 장관에게 검찰은 우호적이지 않았어요. 저는 이런 분위기를 있는 그대로 전하면서 조국 장관에게 청문회를 위한 예비 질문들이 불편할 수밖에 없을 거라며 양해를 구했어요. 그 과정에서 밥도 같이 먹으면서 이야길 나눠보니 의외로 쿨하고 대화가 통하는 분이라는 느낌도 있었어요. 그런데 연일 언론에서는 펀드와 자녀 입시 비리 의혹까지 보도가 되는데, 장관님에게 사실 확인을 하면서도 저희는 그래도 장관님 말을 믿어야 하는 자리에 있었죠. 검찰 수사팀은 우리와는 다른 판단을 하고 있었던 거고요. 그 과정에서 청와대나 정부 쪽에서는 특수 검사들과 친분이 있는 내가 청문회 준비 과정에서 취한 정보를 그쪽에 넘긴다는 찌라시가 돌고 있기도 했고, 또 수사팀에서는 조국 장관은 이미 장관직을 수행하기 어려운데 법무부에 나가 있는 검사들이 직언도 못하고 외려 장관을 감싸고 있다고 비난한다는 소문도 들려왔어요. 양쪽으로부터 큰 오해와 압박을 받은 거죠. 너무나도 힘들었지만 그 자리를 뛰쳐나올 수는 없었어요. 공직자라면 감당해야 할 일이라고 생각했어요."

인터뷰가 진행되는 동안 김 전 고검장이 내게 들려준 이야기는 결코 개인이 치른 사적 체험에 머물러 있지 않았고, 한국 사회가 근년에 겪은 역사적 모멘텀과 그것이 품고 있는 진실의 절단을 목격한 이의 모뉴멘털한 증언처럼 다가왔다. 그는 그 무겁고 귀한 이야기를 가장 적절한 심급으로, 가장 적실한 형식과 태도를 취하며 들려줬다.

그는 조직의 많은 선배들이 정치적 파랑에 올라타며 어떤 이는 화려한 산호섬에 오르고 어떤 이는 물길 속에 좌초되기도 할 때, 그리고 어떤 동료들은 상처를 받고 조직을 떠나기도 할 때, 그 수많은 자중지란의 순간에서도 묵묵히 조직을 지켰다. 산그늘을 가장 오래 지킨다는 굽은 나무의 고독한 이미지가 그에게 겹친 순간이다.

겸손이 실질이 아니라 포즈에 불과하다면 그것만큼 민망한 것은 없다. 그런데 김 전 고검장에게 겸손은 포즈가 아니었다. 그는 익히 알려진, 자신이 거둔 성과와 성취에 대해선 일절 말을 꺼내지 않았고 외려 공판부와 국민참여재판에 소신을 갖고 묵묵히 일하고 있는 정명원 검사 이야길 꺼내며 격려했고, 자신이 구속영장을 신청해 구속시킨 택시 기사가 검찰에 송치되자 사건을 배당받은 후배 검사가 치밀한 수사로 억울함을 풀어준 일화 등을 들려주면서 자신에게 있었던 오류를 공개하기도 했다.

그가 제대 후 치른 사법시험에서 떨어지고 낙심해 있을 즈음 무뚝뚝하기만 했던 아버지가 경비를 대주며 여행을 권유했다고 한다. 그는 십여 일 동안 이어진 그 여행에서 우연히 만난, 고단한 노동에 치인 여공들과 배추 농사를 짓다 망한 또래들과 무람없이 교류했던 일화를 설렌 표정으로 들려주기도 했는데, 아마도 그때 그는 광활한 밤하늘을 채우는 뭇별들의 자리, 그 어떤 것도 가소로울 수 없고 또 돌올할 수도 없는 그 우주적 섭리를 상상했던 것인지도 모른다. 그렇게 자유로운 주유와 사색으로 기꺼이 청춘을 탕진했던 이가 검찰의 성채를 나와 이제 우리가 언제든지 만날 수 있는 변호사가 되어 있다.

「법률신문 2022년 10월 24일자 게재」

'검수완박' 반대 표명은 검사로서 마지막 봉사
총장후보로 거명은 과분…조직안정 위해 퇴임
정부의 인사, '편중'으로만 보는 건 착시 현상

尹 대통령이 검찰중립성 등 훼손하면 자기부정
조국 前 장관과 인연…검사로 가장 어려운 시기

무위와 무심의 강렬한 힘…
정직·소탈·겸손함으로

이인복

전 대법관

듣자 하니 이인복(66·사법연수원 11기) 전 대법관은 법조계에서 신망이 매우 높은 분이라고 했다. 그것은 근거가 있는 말이었다. 리서치를 하면서 알게 된 것인데 그가 춘천지방법원장으로 있던 때 법원의 구성원을 상대로 설문조사를 한 결과 가장 존경하는 판사로 뽑혔다는 것이다. 대법관직을 마칠 즈음에는 그를 도와 함께 일했던 직원들이 그와 보낸 시간을 '천운'이라고까지 표현했다는 걸 봤다. 당연히 호기심이 일 수밖에 없었다. 도대체 어떤 분이기에 이런 비현실적인 흠모가 가능하냔 말이다.

이인복 전 대법관은 1978년 서울대 법대를 졸업하고 1979년 제21회 사법시험에 합격했다. 1984년 서울민사지법 판사로 임관해 서울고법 판사, 서울지법 판사, 창원지법 진주지원 부장판사, 창원지법 진주지원장, 사법연수원 교수, 서울지법 부장판사, 대전고법 부장판사, 서울고법 부장판사, 춘천지법원장 등을 지냈다. 2010년 9월부터 6년간 대법관을 역임했다. 2013년 3월부터 2016년 9월까지 제18대 중앙선거관리위원장도 맡아 제6회 전국동시지방선거, 제20대 국회의원선거 등을 관리했다. 대법관 퇴임 후 사법연수원 석좌교수로 활동했고, 법원행정처 사법행정권 남용 논란을 조사했던 법원 진상조사위원회의 위원장도 맡았다. 법무법인 한누리 고문변호사를 거쳐 2020년 4월 법무법인 화우에 합류했다. 현재 화우공익재단 이사장으로 프로보노 활동에도 앞장서고 있다.

인터뷰를 하기로 한 법무법인 화우 회의실에 들어서니, 유독 따뜻한 표정으로 반가이 맞아주는 노타이 차림의 소탈한 인상을 가진 노신사가 있었다. 그이가 이인복 전 대법관이었는데(인터뷰어를 기다리는 전직 대법관이라니),

이른 고백이지만 서산 마애삼존불의 미소를 삼성동 아셈타워(화우가 입주한 빌딩)에서 보게 될 줄은 생각지도 못했다. 이런 이미지의 연쇄 작용에는 필시 그의 출신지가 충남의 시골(논산)이라는 사전 정보가 개입했을 것이다.

"부모님 모두 초등학교만 졸업하신 분이었는데, 농사짓던 아버지가 면서기 시험에 합격해서 논산 시골에서 초등학교에 들어갔어요. 그러다가 2학년 때 군청으로 전근을 가시고 또 4학년 때 대전에 있는 충남도청으로 옮기신 거예요. 그때마다 저도 학교를 옮겨서 대전에서 초, 중, 고를 졸업했죠. 부모님은 그냥 네가 하고 싶은 거 잘 해라. 이 정도 말씀만 하셨고요. 부모님 학력이 그랬던 걸 저는 다행이라고 생각해요. 많이 배우신 분들이었다면 틀림없이 간섭을 많이 하셨을 테니까요.(웃음)"

이인복 변호사 세대에게 고향이란 아직은 원형의 전설이 꿈틀거리는 공간이다. 그곳에서의 경험과 기억 속에 응집된 서사는 지속적인 삶의 자양분으로 그가 어려운 길을 걸을 때마다 신묘한 저력이 되어주었을 것이다. 그런데 이 변호사는 자신의 유년의 경험과 성장 환경을 저렇듯 무심하게 들려준다. '무심'이 그를 이해하는 하나의 키워드가 된 순간이다.

사법시험에 패스한 해가 1979년이고 1984년부터 판사로 일했으니 그는 물경 40년 가까이 한국 법원을 경험한 셈이다. 그 긴 세월 동안 한국 법원이 어떻게 진화하고 성장했는지, 월드클래스에 견줄 때는 어느 정도인지를 물었더니 다소 의외의 대답이 돌아왔다.

"1990년, 프랑스로 판사 연수를 갈 일이 있었어요. 사실 우리 사법 체계는 프랑스의 영향을 받았어요. 일본을 통해서요. 그런데 우리나라 판사들의 실력이나 수준이 아주 뛰어나다는 걸 프랑스에 가서 느낀 거예요. 직업적인 사명감, 책임감 등에서 훨씬 뛰어나고 공부도 열심히 하는 거예요. 그래서 어느 순간 이렇게 프랑스나 미국 같은 델 연수 가서 그 나라의 법을 배우는 현실에 자존심이 상하기까지 하더라구요. 우리 법원의 수준은 오히려 가르칠 만한 단계에 와 있어요. 법원과 구성원들의 자질은 뛰어난데, 문제가 있다면 너무 짧은 시기에 한국 사회가 고도성장을 해서 시민의식이 선진국의 그것에는 아직 미치지 못하는 점이에요. 간혹 법원이 정치적 중립 측면에서 휘둘린다는 비판을 받는 것도 다 이 문제와 연관이 있다고 생각해요."

그는 대법관을 퇴임하면서 이런 말을 했다. "서로를 존중하고 신뢰하여 인간미가 흐르는 따뜻한 법원을 만들어 주셨으면 합니다. 그래서 우리의 온기가 재판 받는 당사자들과 국민들에게 전해져 따뜻하고 정감 있는 사법부가 되기를 바랍니다." 법관 생활을 마무리하면서까지 굳이 강조한 "인간미가 흐르는 따뜻한 법원"이라는 게 구체적으로는 어떤 법원을 말하는지 궁금했다.

"저는 법원 구성원으로서 자부심이 있어요. 그런데 안타까운 건 법원이 신분제처럼 판사와 일반직으로 나뉘는 거예요. 한국 법원은 이게 너무 심해요. 일반인이나 기자들 입장에서도 법원 하면 판사만 생각해요. 직원들을 그냥 보조하는 기계처럼 보는 거예요. 이건 정말 잘못된 거예요. 판사와 직원들이 일체가 되는 법원이 저는 우리 법원이 나아가야 할 방향이라고 생각했어요. 저는 대법관을 마칠 때까지 그걸 나름대로 실천했는데요. 법원과 판사는 직원을 존중해야 해요. 그런 차원에서 법원 직원으로 오래 근무하신 분들을 일선 시군 판사로 임명하는 것도 필요하다고 생각해요."

그가 그토록 자부심을 갖고 있는 법원임에도 최근의 대법원장들은 정치적 이해관계에 연루되어 구설수에 올랐고 여전히 대법원은 정치적으로 필터링된 국민감정으로부터 독립되어 있지 못하다는 비판을 받기도 한다. 이에 대한 그의 소회가 궁금했다.

"한국 사회는 정치적 갈등을 지나치게 법원에 맡기는 경향이 있어요. 이를테면 6.25나 유신 때처럼 수십 년 전에 일어난 과거사 사건들은 정치적으로 또는 제도적으로 해결하는 게 바람직한데 그런 것까지 전부 법원에 맡기는 거예요. 그러곤 정치인들이 바라는 결과를 내주지 않으면 비판을 하는 겁니다. 이런 식으로 가다 보면 사법 체계의 권위나 신뢰가 다 망가지게 돼요. 실제로 그동안 국민여론, 국민감정을 빌미로 판사들이 특정한 세력의 편을 드는 경우가 있었고 적당히 타협하는 판결들이 있어요. 저는 하급심들은 그런 사회적인 분위기에서 자유로울 수 없다고 생각해요. 그런데 그건 그럴 수 있다고 해도 대법관 정도라면 비록 욕을 먹더라도 이걸 바로잡을 필요가 있어요. 국민감정은 존중해야 하지만 법원은 그걸 만들어내고 이용하려는 세력의 의도에는 단호히 맞서야 해요. 냉정하게 법리를 적용해서 무죄추정의 원칙과 국민감정 사이에서 균형을 잡아야 해요. 이런 식으로 30~40년이 지나면 그 결과에 대한 책임은 전부 사법부가 져야 해요. 국민감정을 부추겼던 세력은 잊혀지구요."

내친 김에 대법원이 정치적으로 민감한 사건을 의도적으로 지연시키고 있다는 비판에 대해선 어떻게 생각하는지 마저 물었다. 내가 예로 든 사건은 2014년 피소된 박유하 교수의 저서 《제국의 위안부》 관련 명예훼손 사건이다.

"아마 주심 판사가 맡고 있는 사건이 많을 거예요. 그런데 박유하 교수 사건 같은 경우는 대법원으로서는 정말 좋은 사건이에요. 대법원의 명예와 권위를 높일 수 있는 사건이거든요. 상징적이면서도 역사적인 사건이니까요. 제가 대법관으로 있을 때 그 사건이 시작됐는데, 저는 이 사건이 빨리 대법원으로 올라오길 바랐어요. 내가 대법관으로 있는 동안 판결을 할 수 있으면 좋겠다고 생각했죠. 2심에서 유죄가 난 게 저는 이해가 안 됐어요. 제가 박 교수 책을 읽어봤지만 도대체 이런 얘기조차 말하지 못하게 하는 자들의 입장은 뭔가라는 생각이 들더라구요. 개인적으로는 전혀 모르지만 박유하 교수도 진보적인 분이고 공정하게 책을 쓰려고 노력했더라구요. 그런데 책이 나오니까 한국 사회에서 진보적이고 좌파적인 사람들이 이분을 비판하는 걸 보고 '한국 지식사회가 이렇게 취약하구나'라는 생각이 들었어요. 이런 사건에서 대법원이 무죄취지 파기 환송이라는 결과를 내놓고 그 논증을 멋지게 하면 대법원의 위상이 올라갈 거라고 봅니다."

첨예한 사건인데, 아무리 퇴임했다고 해도 예상치 못했던 소신 발언이다. 그 순간 이런 생각이 퍼뜩 떠올랐다. 좌고우면하지 않고 중심의 괴로움을 오랫동안 견뎌온 사람만이 자유자재의 경지라는 걸 가질 수 있는 거구나. 동의 여부를 떠나 이분 참 어른답구나. 그렇다면 40년 넘게 법과 윤리, 인간의 정의와 죄를 다뤄온 이에게 과연 정의란 무엇일까. 더욱이 지금처럼 정치적 정의가 과잉된 시대의 정의가 무엇인지를 묻지 않을 수 없었다.

"법을 공부하면서 머릿속에 가장 많이 들어 있는 개념이 정의예요. 법의 이념이 곧 정의니까요. 절차적 정의, 실체적 정의 같은 정의에 대한 개념이 많은데, 정치적 정의라는 말도 그중 하나죠. 그런데 정의라는 개념을 정치인들이 너무 자의적으로, 특정한 목적을 위해 쓰는 과정에서 문제가 생겼어요. 지금 우리 사회에서 정의는 보복이나 응징의 의미로 쓰이고 있어요. 그러면서 정의라는 개념 자체가 무너진 거예요. 과거에 정의는 모든 선을 총합한 개념이었는데 지금은 그게 아닌 거예요. 문재인 정권 초기에 정의라는 이름으로 통치를 시작했는데 그게 잘못된 거라고 생각해요. 전두환 정권도 정의사회구현을 내걸었잖아요. 그럴 경우 정의는 양날의 검이 돼요. 그래서 저는 정의 옆에 평화를 반드시 둬야 한다고 생각해요. 평화를 고려하지 않은 정의는 정의가 아니고 그냥 수단일 뿐이에요. 법적 정의와 정치적 정의가 따로 있는 게 아닌데 정치 세력이 자기들 목적을 위해 정의를 수단으로 쓰면서 정의가 왜곡된 거예요."

벌써 몇 년째 되풀이되는 논의이긴 하지만 최근 대법원은 다시 대법관들이 담당하는 본안사건의 양이 너무 많아 그 부담을 줄이기 위해 대법관 수를 늘이는 방안을 적극 검토하겠다고 발표했다. 이에 대해서도 전직 대법관은 분명한 의견을 내놓았다.

"근시안적인 시각이에요. 대법관 수가 늘게 되면 우리 사회는 대법관 청문회로만 1년이 가게 돼요. 사실 어떤 회의든 10명이 넘으면 제대로 토론하기가 힘들어요. 전원합의 체제가 유명무실화되는 거죠. 대법관이 장관급인데 그런 인력을 스무 명 가까이 늘린다고 하면 사법부 자체가 약화됩니다. 주심 사건이 그닥 줄지도 않구요. 차라리 상고허가제,

상고 제한을 강화하는 게 대안이라고 생각해요."

이인복 변호사는 최근 이슈가 된 신당역 스토커 살인사건에 대해서도 소신 발언을 했다. 구속영장을 기각한 판사에 대한 사회적 비판이 좀 안타깝다는 것이다. 신이 아닌 이상 사고의 결과를 예측할 수 있는 사람은 없다는 것. 만약 결과가 살인이 아니었다면, 스토킹 행위를 한 사람에게 최근의 여론 추이대로 구속영장이 발부됐다면 그 사람은 삶에서 심대한 피해를 입고 살 수밖에 없다는 것이다. 국민들도 법원의 판결을 결과론으로만 평가해선 안 된다고 했다. 사람이 어떤 일을 하는 동기는 다양한데 그 결과를 판사가 완전무결하게 내다보는 건 불가능하다는 것. 내가 듣기에 그의 논리에 결함은 없었다.

떳떳치 못한 자가 숨는 법이고 부끄러운 자가 말꼬리를 내리는 법이다. 그런데 이 변호사는 한국 법원의 적나라한 현실을 말하면서 숨는 법도, 말꼬리를 내리는 법도 없었다. 그 담대한 책임감과 반듯한 자긍심 앞에 절로 숙연한 마음이 들었다. 그러면서 자신이 법관으로 살아온 삶에 대해서는 시종 운이 좋았다고 말했다. 주변에 늘 좋은 사람이 있었다는 것이다. 그런데 좋은 사람이 괜히 꼬이겠는가. 그는 무심코 흐르는 물 같은 사람인데 상선약수(上善若水)라는 말이 괜히 있는가. 이인복 변호사는 인터뷰 내내 법관으로서의 품위와 자부심을 특유의 진솔한 말투와 태도를 통해 표현했다. 그런데 그것은 마치 안개가 사람의 눈썹을 적시고 거미가 지은 집 난간에 맺히듯 너무나도 자연스럽게 느껴졌다. 억지가 없고 부자연이 없는 경지랄까. 그러니까 무위자연의 섭리를 보는 듯한 기분이었달까.

사람의 말과 태도는 욕망을 지향하기 마련이다. 최선을 다해 숨겨도 지우지 않는 한에는 본색을 드러내는 게 욕망 아닌가. 그런데 이인복 전 대법관의 말과 태도에서 나는 방하착(放下着)이랄 수 있는 무심과 무위의 위엄을 보았다고 느꼈다. 욕망을 지운 후 자신에게 당도한 결과 앞에서 떳떳한 사람을 본 것이다. 그 부드럽고 낮으면서도 단단한 위엄이, 그래서 주변의 꼿꼿한 것들마저 편하게 주저앉히는 힘이 그에게 있었는데 그것은 정직함과 소탈함, 겸손함의 지극한 호위를 받는 것이었다.

이 변호사는 법조인의 길을 걷고 있는 아들에게 어떤 훈화를 주었느냐는 질문에, 아무 말도 한 게 없다고 했다. 그냥 잘 할 거라고 믿어주는 게 가장 큰 응원이라고 믿는다는 것이다. 'Let it Be'가 얼마나 강렬하고 매력적인 실천 강령일 수 있는지를 그에게서 보았다.

「법률신문 2022년 9월 26일자 게재」

22

내 오빠들이 북에서 당한 마녀사냥, 한국은 진영 떠나 없어야지요

공동체 일원이 되기 위한 분투기

임윤미

탈북민 출신 1호 법무사

내게 주어진 인터뷰이에 대한 정보는, 탈북민으로 처음으로 법무사 자격증을 취득한 사람이라는 것 외에 한국에 들어온 이후 여러 군데 취업 문을 두드렸으나 이력서에 채워 넣을 변변한 경력이 없어 번번이 서류 심사에서 떨어지다가 한 법무사의 도움으로 법무사 사무실에서 일하면서 수년 동안 공부한 끝에 시험에 합격했다는 것뿐이었다.

임윤미 법무사(54)는 예의 은사(恩賜)를 입은 사당동의 김종모 법무사

"

한국의 법체계나 문화에 대해 비판을 하려면 제가 공부를 더 해야 할 것 같은데요.
인민재판 같은 건 당연히 안 좋다고 생각해요. 한국이 민주주의 사회이고
법 절차가 있는데 그것만큼은 민주적이지 않다는 생각이 들더라고요.
한국 사회도 진영을 떠나 홍위병 같은 인민재판 문화는 없어졌으면 좋겠어요.

"

사무실에서 일하고 있었다. 안경 너머 눈매가 단정하면서도 예리한 빛을 품고 있어 지적인 분위기를 물씬 풍겼는데, 확인해보니 역시나 인텔리 출신이라고 했다.

"신의주에서 태어났는데요, 부모님은 일본에 사시다가 북한으로 오신 북송교포 출신이었어요. 북한이 지상낙원이라고 선전을 해서 약 10만 명 가량의 교포가 일본에서 북으로 갔는데 거기에 포함되셨던 거

죠. 부모님은 북에서 만나 결혼하셨고 외가 쪽은 지식인 집안이었어요. 저는 북에서 여기 한국으로 말하면 대학원 박사과정인 박사원 교육까지 받았어요. '차광수 신의주 제1사범대학'을 나왔죠. 결혼해서 살다가 1997년 국경선을 넘어 중국으로 갔고 1999년 한국에 들어왔어요."

임 법무사의 말을 듣고 자연스레 지상낙원이라고 믿고 북에 들어간 부모를 둔 그가 어떻게 북을 탈출할 결심을 하게 됐는지가 궁금했다. 일단 부모님은 어떤 분들이었는지 물었다.

"부모님이 북한에 와서 북한의 실상을 알게 되시곤 후회를 하셨죠. 그러면서도 두 오빠와 저에게 늘 '남한테 피해를 주면 안 된다. 말 조심해야 된다'는 말씀을 해주셨어요. 부모님 모두 상당히 고지식한 분이었는데, 북송 교포라고 자본주의 국가에서 왔다고 북에서 차별도 제법 받았어요. 부모님은 조직 문화에 굉장히 순종적인 분들이셔서 북한 사회에서 하라는 대로 하시는 분들이었죠. 우리한테 특별히 북한 사회가 나쁘다 이런 말씀을 하시지도 않으셨어요."

그런데, 불행하게도 임 법무사의 오빠는 정치사상적인 문제로 북한 당국으로부터 조사와 고문을 받는 등의 화를 입었다고 했다. 그런 상황에서 임 법무사의 부모가 일종의 깊은 무력증과 체념을 느꼈으리라는 추정은 충분히 가능하다. 가끔 일본에 사는 친척들이 물건도 보내주고 북한을 방문하기도 했는데, 그들로부터 한국의 상황이나 외부 세계의 동향을 들을 수 있었다고 했다. 게다가 대학교수였던 임 법무사의 남편 역시 미국에 연고가 있는 집안이어서 다른 사람들보다는 세상 돌아가는 소식에 정통할 수 있었다는 것이다. 그 과정에서 자연스럽게 북한을 탈출해야겠다는 생각이 서게 되었다고. 사실 탈북의 경위는 책 한 권을 써도 모자랄 것인데, 그걸 좀 압축해서 들려달라고 했다.

"저희 같은 경우에는 다른 탈북민들에 비해 탈북 과정이 그렇게 고통스럽지는 않았어요. 왜냐하면 돈이 있었고, 일본에서 도와주는 분들이 있었고, 그 무렵이 북한에서 고난의 행군이 막 시작될 때여서 배급이 끊기고 국경을 경비하는 군인들도 좀 해이했고 근무 태세가 삼엄하지 않았거든요. 돈을 주면 국경을 넘는 게 그리 어려운 일이 아니었죠. 남편은 교수였어도 수입이 안정적이지 않아 외화벌이를 한다면서 중국하고 거래를 제법 많이 했어요. 루트가 있었던 거죠."

탈북을 결심한 가장 결정적인 이유는 당시 갓 태어난 딸아이 때문이라고 했다. 딸아이를 이런 땅에서 자신들이 살아왔던 것처럼 살게 할 수는 없다는 절실함이 있었다는 것이다. 그래서 결국 작고한 부친을 제외하고 친정어머니, 임 법무사 내외, 딸아이까지 넷이 탈북을 결행한다. 그리고 한국에 들어와서 또 소중한 아이를 갖게 되었다고. 하지만 빨리 돈을 벌어서 정착을 해야겠다는 조급증 때문에 뜻했던 일을 그르치고 상처를 받는 등의 과정에서 남편과는 이혼을 했다고 한다. 이걸 굳이 밝히는 이유는, 그 서사 과정 자체가 이미 한국 사회의 어떤 전형성을 여실하게 보여준다고 판단했기 때문이다.

이제 임 법무사를 만나러 오면서 가장 궁금했던 것, 북한 주민들이 평소 법을 받아들이는 방식과 법에 대한 일상적 감수성이나 자의식이 어떤지를 물었다. 이를테면 한국에선 모든 사람이 일상 속에서 법을 의식하며 산다. 운전을 하거나 소득을 신고하거나 상속을 하거나 전세나 매매 계약을 할 때 예외없이 법이 정한 규정을 떠올리는 것이다. 그러면 북한은 어떨까.

"거기서는 법보다 무서운 게 당의 유일 사상이에요. 사상적으로 검증이 되는 게 중요하죠. 헌법도 있고 형법, 민법도 있고 다 있을 건데 북한에서는 일상적으로 살아가는 데 있어서 법적으로 무슨 문제가 됐다 그러면 개인적으로 해결을 해야만 해요. 한국에서는 변호사나 법무사의 상담을 받고 도움을 받는 게 상식이잖아요. 그런데 북에는 그런 게 없어요. 주민들이 법의 도움을 받을 수 있다는 생각 자체를 안 하는 거죠. 저희집 같은 경우 부모님이 북송교포이셨잖아요. 그런데, 한국의 탈북민 정착 지원 같은 게 전혀 없는 거예요. 아무런 지원이나 혜택을 받은 적이 없었죠. 우리 오빠가 화를 입었을 때도 엄마 아빠가 해결책을 찾지 못해 갈팡질팡하셨거든요. 정말 억울한데 법적인 해결은 요원하고 어디 가서 하소연할 데도 없었으니까요. 그런데 그 과정에 사기꾼들이 많이 붙어요. 그러면 돈만 날리고 해결이 안 되는 최악의 상황으로 빠지게 되죠."

내 감수성으로 보면, 법이란 상식과 합리의 표현 및 실행의 영역이고 합의된 인권의 최후의 보루일 텐데 북에서는 그게 일찌감치 무너졌다는 걸 확인하는 순간이었다.

임윤미 법무사는 오랜 시간 각고의 준비와 수차례의 좌절을 이기고 올초 법무사 합격 통지를 받는다. 그리곤 교육 과정을 이수하고 지금은 당당히 법무사로 일하고 있다. 법무사는 한국에서 나고 자란 사람들도 합격하기 어려운 시험인 게 사실이다. 시험을 보게 된 경위, 준비 과정을 포함해서 한국에 정착하는 그 지난한 스토리를 물었다.

"제가 가장의 위치여서 늘 아이들에게 당당하면서도 안정적인 직업을 갖고 싶었어요. 그런데 법무사 시험이라는 게 언제 될지 보장이 없는 거잖아요. 공부하려면 시간도 들고 돈도 들어가고요. 그런 불안감이 있었지만 이상하게 공부를 해보고 싶다는 강렬한 욕구가 있었어요. 제가 한국에 와서 17년 동안 국책 기관 등에서 북한 관련 일을 했어요. 통일 정책 관련된 업무에 계약직으로 참여했죠. 막연하게 북한 주민들에게 도움이 되는 일을 하고 싶다는 생각을 하고 있었는데, 개인적으로 법률적으로 해결해야 하는 문제에 직면하게 되면서 대한법률구조공단 변호사님을 소개 받아 도움을 많이 받았어요. 그게 계기가 돼 변호사 사무실에서 알바 일을 했는데, 그때 한국에 법무사라는 전문직이 있다는 걸 처음 알게 됐죠. 그래서 한번 공부를 해보자는 생각을 하게 됐어요. 법학을 전공하지 않은 여성 법무사를 만나게 된 것도 계기였구요."

이후 임 법무사는 법무사라는 직업을 몸으로 체감하면서 배우기 위해 법무사 사무실의 구인 공고를 보고 여러 차례 이력서를 보내지만 상술한 대로 모두 '퇴짜'를 맡는다. 그러다가 천우신조였는지 김종모 법무사 사무실에 이력서를 넣게 되고 면접을 거쳐 직원으로 일하게 됐다고. 그게 2014년의 일이다. 김종모 변호사의 말에 의하면, 사람이 성실해 보였고 가르치면 일을 잘할 것 같다는 믿음이 들었다고 했다. 올해 초에 발표된 합격자 발표도 자신은 차마 확인할 용기가 없어 김종모 법무사가 대신 확인해줬는데 갑자기 환호성이 터졌다고 했다. 듣는 나까지도 당시의 흥분과 설렘이 고스란히 느껴진다. 법무사는 당연히 전문적인 법률 지식을 토대로 모종의 문제에 직면한 의뢰인을 돕는 직업이다. 법이 지향하는 원칙과 질서가 가장 중요한 직업윤리로 작용할 터. 탈북민 출신이라는 점을 감안해 임 법무사에게 좀 불편하고 아프게 다가갈 수 있는 질문을 던졌다. 작금 한국사회에서 횡행하는, 법을 초월하는 마녀사냥이나 인민재판에 대해서는 어떤 생각을 갖고 있는지를. 임 법무사는 겸손하고 정중하게 답했다.

“한국의 법체계나 문화에 대해 비판을 하려면 제가 공부를 더 해야 할 것 같은데요. 인민재판 같은 건 당연히 안 좋다고 생각해요. 한국이 민주주의 사회이고 법 절차가 있는데 그것만큼은 민주적이지 않다는 생각이 들더라고요. 제가 왜 마녀사냥이나 인민재판에 더 거부감을 가지고 있냐면 북한에서 작은 오빠가 그렇게 당했기 때문이에요. 보안원들이 아무 잘못도 없는 오빠를 낙인찍고 학교 찾아가서 사람들 모아놓고 음해하고 모독하는 거예요. 그러고 하룻밤 자고 일어나면 소문이 다 나 있어요. 그래서 잠이 들 때 다음 날 아침에 깨기가 싫을 정도였어요. 그런 일을 겪고 보니 인민재판이 남의 일 같지 않더라고요. 한국 사회도 진영을 떠나 홍위병 같은 인민재판 문화는 없어졌으면 좋겠어요.”

그의 말에서 한국 사회에 대한 상당한 수준의 식견과 균형 감각이 느껴진다. 경험과 그 경험에 대한 통찰, 그러면서 갈고 닦은 지성과 맞춤한 감수성이 임 법무사의 삶 속에 깊이 내장됐다는 방증일 것이다. 그에게 한국의 국민으로서, 한국 사회 공동체의 구성원으로서 가장 자랑스러웠던 순간이 언제였는지 물었다.

“일본에 사는 친척들로부터 한복의 우아함과 아름다움에 대한 찬사를 들을 때, 일본 드라마보다 한국 드라마가 재미있다는 얘길 들을 때 우리나라가 자랑스럽고 한국인으로서 뿌듯함을 느꼈어요. 그리고 하나원에서 정착 교육을 마치고 사회에 나가기 전 수료식 같은 행사를 할 때였는데, '나는 자랑스러운 태극기 앞에'로 시작하는 국민선서를 했거든요. 그때 가슴이 벅차오르더라구요. 드디어 내가 자유롭고 풍요로운 한국 사회의 일원이 되었구나라는 실감이 들면서 북한이나 중국에서 지낼 때의 경험과 기억들이 떠올랐어요. 가슴이 뭉클했죠. 그리고 올해 법무사 연수원에서 수료식을 하면서 역시 국민선서를 할 때도 상당히 가슴이 벅찼어요. 25년 전 하나원 수료식 때 느꼈던 감정은 북한에서 적대국으로 교육받았던 대한민국, 중국 한족과 조선족들이 그렇게 동경하던 대한민국의 국민이 된 감격스러움이었다면, 법무사연수원 수료식 국민선서를 하면서 느꼈던 감정은 이제 내가 법무사로서 대한민국에 당당히 자리를 잡게 되었구나 하는 성취감, 보람, 자신감 같은 것이었던 것 같아요."

그의 말에서 내심 나는 내가 하나의 가설로 세워놓고 있던 어떤 심증을 확인받은 느낌이었다. 임 법무사에게 법무사라는 라이선스는, 단순히 생업을 보장하는 신분적 증표가 아니라 한국 사회 공동체의 일원으로서 당당히 자신의 지식과 실력으로 타인을 도울 수 있고 공익에도 참여하는 걸 허락하고 보증하는, 다시 말해 한 국가의 발전과 역사의 진보에 참여할 수 있는 매우 아이코닉한 상징이었다는 것을.

임 법무사는 영화 〈건국전쟁〉 이야기도 했다. 당시 식자층인 외할아버지와 외삼촌조차 조총련의 선전에 쉽게 빠져 북한행을 택했을 정도로 시대 상황이 복잡하고 혼란스러웠고 모두가 갈피를 잡지 못하고 있었던 때, 이승만 대통령이 공산주의와 사회주의의 전체주의적 폭력과 한계를 내다보고 재일교포 북송사업을 저지하려고 노력을 많이 했다는 걸 <건국전쟁>을 보고 알았다는 것이다. 그러면서 이승만 대통령이 정말 시대를 앞서간 위대한 지도자였다는 걸 깨달았다고 했다.

여기에 이승만 대통령의 과오까지도 겹쳐놓을 때, 임 법무사는 더 깊고 단단한 한국 시민으로 진화하게 될 것 같다. 그에게서 빛나는 지성과 성찰의 힘을 보았기에 가능한 일이다.

「법률신문 2024년 6월 20일자 게재」

경력 변변찮아 가는 곳마다 퇴짜,
억척 공부 끝에 합격

자격증은 역사의 진보에
참여할 수 있다는 당당한 상징

지식과 실력으로
다른 사람들에게 도움될 것

검찰이라는 잠수함에 기꺼이 승선한 토끼

정명원

법무연수원 진천본원 검사 교수(현 부산지검 공판부장검사)

개인적인 이야기부터 하자면 나는 정명원 검사(44·사법연수원 35기)를 만나기 전까지 '검사'를 대면한 일이 없었다. 시민 일반으로서 이것은 아마도 다행스러운 일에 속할 것이다. 이쪽이든 저쪽이든 불미한 사건의 당사자가 되어본 적 없다는 뜻일 테니까. 그런데 이렇게 말하는 내 무의식 속에는 검사에 대한 다소간 부정적인 편견이 자리 잡고 있는 게 사실이다. 검사란 닥치고 징치(懲治)하는 사람, 그러니까 죄를 물어서 벌을 주는 존재라는 어둡고 서늘한 이미지가 도사리고 있다는 말이다.

정명원 검사는 대구여고와 경북대 법학과를 졸업하고, 2003년 제45회 사법시험에 합격했다. 2006년 임관한 17년차 검사다. 천안지청 검사, 인천지검 검사를 거친 이후에는 주로 대구 지역 근무를 희망해 '신라검사'라 불린다. 2016년 국민참여재판 분야로 '블루벨트(2급 공인전문검사)'를 땄다. 《친애하는 나의 민원인-외곽주의자 검사가 바라본 진실 너머 풍경들》을 발간했다.

그런데, 이번에 만난 정 검사는 일반적인 검사상(像)을 실천하거나 강화하는 데는 별로 관심도 없고 소질도 없는 검사처럼 보인다. 심지어 그는 "기소보다는 불기소를 더 잘 하는 검사"로 알려져 있다. 나는 그게 어떤 함의를 갖는 것인지를 먼저 물었다.

"보통 형사 사건을 다루는 검사들은 공소장을 잘 써서 기소하고 유죄 선고를 받는 것이 실적 평가에 유리합니다. 보통 공소장은 양식이 정해져 있어요. 저는 그런 공소장보다는 상대적으로 형식이 자유로운 불기소 의견서를 쓰는 데 더욱 성의를 기울였어요. 죄를 벌하지 않아도 되는 가능성을 성실하게 따지면서 사건을 들여다보는 것이죠. 그를 통해 검사라는 존재가 범죄를 증명하는 데 매인 사람들이 아니라 어두운 면을 포함한 인간의 삶을 입체적으로 통찰할 수 있는 존재라는 걸 스스로 확인하고 싶었어요."

정 검사는 작년에 펴낸 책《친애하는 나의 민원인》에서 자신을 일러 '외곽주의자'라고 표현했다. 그 책에 의하면 외곽주의자는 비주류의 포지션을 비관하지 않는 사람, 주목받지 못하는 자리의 불편함을 마다하지 않고 오히려 의미를 부여하는 사람이란 뜻이다. 이런 아웃사이더 기질을 가진 검사가 실재한다는 사실을 알았을 때 나는 살짝 흥분하기도 했는데, 실제로 만나본 정 검사는 별 것 아니라는 표정으로 그냥 타고난 성향 같은 것이라고 말했다.

"제가 태어나기는 대구에서 태어났는데, 여섯 살 때 강원도 정선으로 온가족이 이사를 갔어요. 부모님이 각박하고 세속적인 도시 생활을 피해 농사를 지으며 살려고 결단을 내리신 거예요. 제가 거기서 초등학교까지 마치고 중학교 1학년 때 혼자서 대구로 전학을 갔는데요. 부모님, 특히 어머니의 그런 낮은 것들, 나약한 것들, 자연에 친화적인 태도에서 영향을 받은 것 같아요. 강원도에서 경험한, 유소년 시절의 자연에 대한 감응이 저의 정서적인 자산이기도 하고요."

억강부약(抑强扶弱)이랄 수도 있는 이런 기질은 그가 요즘 일간지에 연재하고 있는 칼럼에서도 여실하게 빛을 발하는데, 언젠가 절대 다수를 차지하는 검사들이 밤낮을 가리지 않고 진행하는 형사 사건을 깎아내리면서 "형사는 십원짜리 사건"이라고 말했다는 어떤 간부급 검사의 망언을 소개하고는 이를 반박하면서 정 검사는 이렇게 썼다.

"검사들은 어느 검사의 막말에, 지휘부의 인정에, 언론의 비난과 찬사 속에만 있는 것이 아니다. '검사들은' 구체적 사건을 마주하는 현실의 사무실과 법정에 있다. 누가 알아주지 않는데도 서둘러 식판을 정리하고 공판 토론회에 달려간 다음 끝내 뿌듯해 버리는 우리는 '십원짜리 사건론'에 동의한 바 없다."

올해 3월 현재 근무지인 진천 법무연수원에 교수로 오기 전까지 정 검사 역시 가장 번다한 업무랄 수 있는 형사부와 공판부에서 16년 동안이나 우직하게 일을 해왔다. 그러는 동안 하고 싶은 말이 생겼을 거라는 심증은 그래서 유효하다. 10퍼센트, 많아야 20퍼센트를 차지할 뿐인 특수부나 공안부 검사들이 전체 검사의 이미지를 대변하고 그들에 의해 조직의 위상이 함부로 흔들리는 걸 보면서 이 감수성 충만한 검사의 내면에서는 자연스럽게 발화욕망이 싹텄을 터. 그 결과물이 유시민 씨가 후보 시절의 윤석열 대통령에게 일독을 권했다는 《친애하는 나의 민원인》이다.

왜곡된 검사상 때문에 곧잘 상처도 받았을 정 검사에게 검찰 조직은 비유컨대 자신에겐 한없이 정든 곳이지만 주변머리라곤 없어 안 먹어도 될 욕을 먹는 친정처럼 아픈 곳인지도 모른다. 수직 상승을 향한 멈출 줄 모르는 욕망으로 정치에 줄을 대거나 직접 정치 전면에 나서는 선배들을 보면서 배신감을 느꼈을 수도 있다. 그런 와중에 조직의 수장을 지낸 이는 덜컥 국가수반 자리에까지 올랐다. 현직 일선 검사로서 어떤 감회가 있었는지를 물었다. 검사 일반의 분위기는 어떠했는지도. 혹여 우리 조직에서 한 국가의 원수를 배출한 것에 대해 뿌듯한 기분 같은 건 없었느냐고. 그러자 정 검사는 차분한 목소리로 이런 대답을 들려준다.

"저도 그랬지만 반기거나 뿌듯해하는 반응은 거의 없었어요. 저는 사실 염려스러운 마음이 먼저 들었죠. 검찰 출신이 대통령이 된 것에 대한 염려라기보다는 막강한 권한을 가진 조직의 수장이 정치권력과 각을 두고 대립하다가 퇴직하자마자 대통령이 된 그 공교로운 계기와 타이밍이 염려되었다는 거예요. 혹시나 이것이 안 좋은 선례나 시그널이 되어서 유사한 사례를 만들 수도 있지 않을까 하는 그런 염려요."

정 검사의 말에서 나는 조직을 충심으로 아끼는 이만이 가질 수 있는 심모원려(深謀遠慮)의 마음을 바투 느낄 수 있었다. 정 검사의 우려대로 정치권력에 줄을 대거나 직접 권력자가 되어 힘을 남용(또는 오용)하다가 국민의 뭇매를 맞고 몰락하면서 조직의 명예에 상처를 낸 이들은 적지 않다. 그것은 어떻게 보면 조직이 통제할 수 없는 개인의 욕망에서 야기된 것이다. 그것 말고 일선 검사로서 검찰조직법이라든가 검찰 내부 관습에서 필히 개선되거나 바뀌어야 할 것이 있는지를 물었다. 사전에 합의된 질문이 아니었는데도 미리 생각을 해두기라도 한 것처럼 정 검사는 즉각적으로 말했다.

"회전이 너무 빨라요. 인사이동이 너무 잦고 그것이 또 조직을 평가하고 단속하는 데 이용되고 있어요. 검사가 한 분야, 한 보직에서 차분하게 전문성을 습득하고 업무의 효용을 연구하는 데는 안정된 시간이 필요한데요. 지금 검찰은 발령이나 보직 이동을 기수의 서열을 매기는 데 활용하고 있어요. 그러다 보니 이탈하는 검사들도 나오고 어쩔 수 없이 실적이나 평가에 신경을 써야 하는 분위기가 있어요. 이제라도 바뀌었으면 좋겠습니다."

정 검사의 커리어에서 특기할 만한 게 하나 더 있는데, 국민참여재판의 전문 검사로 일했던 경력이다. 그는 결국에는 우리도 유럽이나 미국처럼 배심원제로 가는 게 맞다고 생각한다면서도 국민참여재판의 맹점에 대해서 전문가적인 분석을 내놓았다.

"현재 우리나라의 국민참여재판제는 사법부에 대한 불신에서 비롯됐는데요. 피고인만이 신청을 할 수 있게 돼 있어요. 그러다 보니 정작 피해자 측에서 원하지 않는데도 처음 보는 사람들에게 자신이 당한 피해 사실을 낱낱이 말해야 할 때가 있거든요. 그건 피해자를 보호하는 일에 위배돼요. 배심원제로 나아가기 위해서는 전제되어야 하는 게 있는데, 국민들, 시민들 자체가 '사법 주체'로서 분명한 의식을 가져야 한다는 거예요. 그런데 여전히 시민들의 인식 수준은 사법 주체는 판사나 검사라고 보고 있고, 또 법원이나 검찰에서도 사법 주체는 자신들이라는 인식을 가지고 있어요. 이것의 해결이 선행되어야 합니다."

안경에 입김이 자꾸 서리는데도 정 검사는 시종 마스크를 벗지 않고 말했다. 비교적 널찍한 교수실이고 보는 이도 없는데도 그랬다. 그 모습에서 나는 정직하게, 그리고 일관되게 원칙을 지키는 이에게 드러나는 인간의 기품을 보았다고 느꼈다.

정 검사는 몇 년 전부터 법무연수원 근무를 지원하다가 올해에서야 그 바람이 이루어졌다고 했다. 계속 형사 사건을 맡아오는 동안 지쳤다는 느낌을 받았다는 것이다. 그래서 노동 강도가 비교적 약한 연수원에서 17년차를 맞는 검사의 삶을 리뷰할 기회를 갖고 싶었단다. 그는 창밖의 넓고 푸른 잔디밭을 가리키며 할 수만 있다면 연수원의 잔디 깎는 정원사가 되고 싶다는 말도 했다. 마지막으로 10년 후에는 무슨 일을 하고 있을 것 같냐는 질문에 정 검사는 이렇게 답했다.

"마음이 언제 어떻게 바뀔지 모르기 때문에 그런 생각은 잘 안 하는데요. 막연하게나마 10년 뒤에는 법률 노동을 안 하고 싶다는 바람을 갖고 있어요."

정 검사의 마지막 말을 듣고 내겐 흔한 비유가 떠올랐다. 잠수함의 토끼들. 생존에 필요한 산소량을 측정하기 위해 잠수함에 태워져 위험한 심해에 들어갔던 토끼들이 있었다. 내 생각에 정 검사는 영락없는 잠수함의 토끼다. 국민을 위해 복무해야 하는 조직이 가질 수 있는 위해성을 개인의 손실을 감수하면서 실증해내는 존재. 나는 정직하고 성실한 한 검사에게 그의 조직이 이런 고독한 미션을 더 이상 지우지 않을 날이 속히 오길 바란다.

「법률신문 2022년 8월 29일자 게재」

"
검사가 한 분야, 한 보직에서 차분하게 전문성을 습득하고
업무의 효용을 연구하는 데는 안정된 시간이 필요한데요.
지금 검찰은 발령이나 보직 이동을
기수의 서열을 매기는 데 활용하고 있어요.
그러다 보니 이탈하는 검사들도 나오고 어쩔 수 없이
실적이나 평가에 신경을 써야 하는 분위기가 있어요.
이제라도 바뀌었으면 좋겠습니다.
"

한국 사회 진영 간 갈등 너무 심해…
좌우 양쪽 날개 가지고 세상 봐야

이영현

탈북민 출신 1호 변호사

"법률가적 판단으로 볼 때 탈북 어민의 강제북송은 대한민국이라는 국가가 아무런 법적 근거 없이 법적 절차도 무시한 채 국민을 강제추방하여 죽음으로 내몬, 법치국가에서 있어서는 안 될 위헌, 위법적 사건입니다. 우리 헌법 제3조에 따르면 북한주민도 당연히 대한민국 국민이거든요. 이는 우리 헌법재판소와 대법원 판례에 따라 확립된 것이기도 합니다. 헌법이나 법률 그 어디에도 국민을 외국으로 강제추방하도록 규정하고 있지 않아요. 나아가 헌법 제10조는 국가에 국민의 보호의무를 명시하고 있어요. 그런데 국가가 대한민국 국민인 탈북 어민을 사지로 강제 추방한 겁니다."

이영현 변호사는 연세대 법대, 경북대 로스쿨을 졸업하고
2019년 제8회 변호사시험에 합격했다. 1997년 대규모의 아사자가 발생한
'고난의 행군' 시절 북한을 탈출해, 중국을 거쳐 2002년 한국에 들어왔다.
이후 국내 정규교육과정을 받고 북한이탈주민 가운데 첫 변호사가 됐다.
대한변호사협회 북한인권특별위원회·북한이탈주민법률지원위원회 위원,
통일부 하나원 정책자문단 위원 등을 맡고 있으며 현재 법무법인 세창에서 근무 중이다.

문재인 정부에서 있었던 탈북어민 북송 사건과 관련해 최근 사진과 영상 같은 자료가 공개돼 정치 이슈가 된 적 있다. 탈북민 최초로 한국에서 변호사 라이선스를 갖게 된 이영현 변호사(39·변호사시험 8회)를 만나기로 했을 때, 이 사안에 대한 입장을 묻는 것은 그래서 불가피한 일이었다. 북송의 위법성과 위헌성을 말하는 이 변호사의 목소리는 차분했고 내용은 논리적이었다. 그에게 다시, 관련 법령을 적용해서 아무 문제없는 결정이었다는 문재인 정부의 발표는 그럼 무엇이냐고 물었다.

"문재인 정부는 탈북 어민의 강제송환의 근거로 북한이탈주민의 보호 및 정착지원에 관한 법률과 귀순의 진정성 의심을 들고 있어요. 그런데 이 법은 어디까지나 북한이탈주민이 법에 따라 보호대상으로 결정된 경우 한국 사회에 잘 적응하고 정착하면서 살아가도록 지원하기 위해 제정된 특별법일 뿐 강제 송환의 근거법은 아니에요. 설령 탈북 어민들이 살인 같은 죄를 저질렀다고 해도 이 법에 따른 보호대상자가 되지 못하는 것뿐이지, 강제송환의 논거로 삼는 것은 이 법을 임의적, 자의적으로 해석한 것이 됩니다. 그리고 탈북 어민들은 문서로 이미 귀순의사를 밝혔고, 또한 판문점에서 북으로 가지 않으려고 자해까지 하면서 몸부림치는 사진을 봐도 한국에서 살고 싶다는 의사가 명백하다고 할 것입니다."

이영현 변호사가 2019년 4전5기만에 변호사시험에 합격하기까지, 그의 골육에 새겨진 지울 수 없는 서사의 디테일은 드라마작가나 영화제작자라면 탐내도 좋을 극적인 요소를 두루 갖추고 있다. 그는 1997년 수많은 주민이 굶주림에 목숨을 잃던 '고난의 행군' 시절, 만 14세의 어린 나이로 중국에 가서 쌀 한 배낭이라도 메고 와 가족을 살리자는 외삼촌의 말에 따라 두만강을 건넌다(그 과정에서 정작 외삼촌은 급류에 휩쓸려 실종된다). 이후 천신만고 끝에 길림성 훈춘시에 도착해 한족과 조선족의 집에 기식하며 살다가 한 선교사의 도움으로 허베이성으로 이주, 조선족 부부의 집에 살면서 막노동으로 생계와 학업을 이어가며 한국행을 모색하던 중 2002년 5월 한국에 들어온다. 북한이탈주민보호센터에서 조사를 받고 하나원(북한이탈주민정착지원사무소)에 입소해 탈북민 정착 교육을 받은 그는 열아홉의 나이에 부산에 소재한 고등학교에 입학, 한국의 정규 교육 과정을 밟기 시작해 연세대 법학과와 경북대 로스쿨에서 공부한 후 변호사의 꿈을 이룬다. 실로 영화 같은 이야기 아닌가.

올 2월부터 법무법인 세창 대표인 김현 변호사의 제안으로 함께 일하게 된 그를 서초동 사무실에서 만났을 때, 나는 아닌 게 아니라 법무법인처럼 꾸민 영화세트장에서 탈북민 출신 변호사역을 맡은 배우를 만나는 기분이었다. 그만큼 그가 쓴 드라마가 다큐멘터리로 체감되기까지 다소간 시간이 걸렸다. 그의 말투에는 우리가 익히 아는 북한 억양의 흔적도, 그렇다고 그가 학업을 한 경상도 억양도 없었다. 그는 지극히 안정적인 표준 억양을 구사했는데, 그것에서 나는 또 그가 얼마나 자연적 존재로서의 보편을 갈망했는지를 읽을 수 있었다.

이 변호사는 함경도 동해안에 인접한 시골 마을 출신이라고 했다(보안을 위해 구체적 지명은 밝히지 않았다). 그는 참 드물게 행복했던 고향에서의 어린 시절을 이렇게 회상했다.

"고향 마을은 뒤에는 산이 자리하고 있고, 앞으로는 넓은 동해바다와 아름다운 백사장이 펼쳐지는 바닷가 마을입니다. 여름이면 전국에서 많은 사람들이 해수욕을 즐기러 찾아오는 명소이기도 합니다. 저도 유년 시절, 거의 매일 친구들과 해변가로 달려가 조개를 잡아 모닥불에 구워 먹고, 백사장에서 하루 종일 뒹굴며 모래성을 쌓았다가 허물기를 반복했어요. 그 시간들이 북에서 가장 행복했던 시절 같습니다.”

그가 우리 학제대로라면 고등학교를 졸업할 나이에 고등학교 과정을 밟기 시작한 후, 대학에서 법학을 전공하기로 결심한 이유는, 자신과 같은 탈북민을 법률적으로 돕고 나아가 북한주민의 인권보호를 위한 뜻을 펼치겠다는 확고한 의지 때문이라고 했다. 실제로 그는 지금 대한변호사협회 북한인권특별위원회와 북한이탈주민법률지원위원회 등에 소속되어 북한인권과 탈북민들의 성공적인 남한 정착을 돕기 위해 노력하고 있다. 매달 정기적인 위원회에 참석하고 각종 세미나와 연구 모임에도 활발하게 참여하고 있단다. 일반 변호사처럼 민·형사 사건을 모두 진행하면서 말이다. 그럼에도 불구하고 내겐 이런 의심과 우려가 생겼다. 자신이 탈북민 출신이라는 신분적 지표에서 자유롭지 못한 상황에서 지나치게 탈북민 지원과 북한인권 문제에 매달리다 보면 이념적으로 또는 정치적으로 보수화되는 경향이 있지 않겠냐고. 불편할 수도 있는 질문을 그는 이렇게 받아쳤다.

“네, 저도 그 부분을 분명히 인식하고 있어요. 그래서 첨예한 현실정치에는 일절 개입하거나 발언하지 않으려고 노력하고 있습니다. 그리고 저는 정치적으로 이념적으로 편향되는 것과 극단화 되는 것이 현재 한국사회가 안고 있고 풀어야 할 가장 중요한 숙제라고 생각하고 있어요. 공동체의 건강한 구성원이 되기 위해서는 좌우 양쪽 날개를 가지고 세상을 바라봐야 하는데, 한국 사회는 진영 간 갈등이 너무 심한 게 사실이에요. 저는 진영이나 이념에 입각해 있지 않고 오로지 생명과 인권이라는 보편적이고 휴머니즘적 관점에서 제가 할 수 있는 일을 하고 있습니다. 이런 저를 보수다, 특정 정당 편이다라고 보는 시각에는 신경쓰지 않습니다."

그에겐 심장에 그어진 흉터 같은 것일 텐데, 그는 북한을 탈출할 당시 가족을 북에 두고 왔다. 그렇게 헤어진 가족과 연락이 닿는지를 조심스레 물었다. 연락이 닿는다는 내답을 기대하면서.

"탈북민 중에서는 브로커를 통해서 북측에 남겨진 가족들과 연락을 주고받는 사람들이 제법 있어요. 심지어는 전화통화도 하구요. 저도 몇 차례 연락을 시도해봤는데 잘 안 됐고 그래서 가족의 소식을 전혀 알 수 없습니다."

이렇게 말하는 그의 얼굴은 어쩔 수 없이 침울해졌는데, 이쯤에서 내가 사전에 그에게 건넨 질문지 파일에는 일부러 넣지 않은 질문을 던졌다. 한국 사회는 인정하기 싫어도 연고 중심 사회다. 혈연과 학연으로, 지연으로 촘촘하게 연결되어 있다. 여기서 상부상조하면서 치열하게 도생하는 게 한국 사회다. 상처받아 위로를 받고 싶을 때 전화라도 걸 수 있는 가족이나 초등학교 동창이 있는 사람은 얼마나 다행인가. 그런데 이영현 변호사는 혈혈단신 한국에 왔다. 사고무친, 고립무원의 세계에 홀로 던져진 것. 상상하기 힘든 인고와 각별한 의지를 통해 그가 자신의 삶을 사지에서 끌고 온 곳이 양육강식과 적자생존이 지배하는 자본주의 정글이었던 것. 이런 곳에서 그가 아무도 몰래 견뎠을 공포와 고독의 양상이 궁금했다.

"한국에 와서 공포스럽고 고독했던 순간이 왜 없었겠어요. 그럴 때마다 사실은 펑펑 울었습니다. 책을 보다가도 울고 공부를 하다가도 울고, 그 방법밖에는 없었습니다. 그리고 제가 신앙을 가지고 있는데, 새벽기도를 다니면서도 펑펑 울었어요. 그렇게 기도하고 저 자신과 대화하면서 어느 사이 저 자신을 추스를 수 있었습니다."

그의 눈망울이 좀 젖어드는가 싶었는데, 그는 그래도 따뜻한 울타리가 되어주신 고마운 분들이 많았다면서 그분들 이름을 하나하나 호명했다.

중국에서부터 아버지가 되어주었다는 은춘표 선교사님, 부산의 고등학교에서 가르침을 베풀어준 신기영, 이지수 선생님, 대학교에서 은사로 모신 김정주 교수님, 정종훈 교수님, 김민서 교수님. 그리고 정성진 목사님. (이영현 변호사가 당신들의 은혜를 잊지 않고 있습니다.)

이 변호사는 현행 북한이탈주민을 지원하는 법제에서 개정되었으면 하는 부분이 있다고 했다. 탈북을 감행한 이후 중국이나 몽골 등 제3국에 장기간 머물면서 그곳에서 자녀를 낳은 탈북민들이 한국에 들어왔을 때, 바로 그 자녀에게 탈북민의 지위나 대한민국 국민의 자격이 주어지지 않고 있는데 이것이 문제라는 것이다. 듣고 보니 탈북 이후 한국에 들어오기까지의 시간이 점점 장기화되고 있는 지금의 현실에서 현행 법령은 마땅히 어울리지 않는 게 사실 같았다.

인터뷰를 마칠 즈음 분위기 전환을 위해 그에게 좀 가벼운 질문을 던졌다. 한국에 와서 먹어본 평양냉면 맛이 어떠했느냐고. 품평을 좀 해주면 좋겠다고.

"북에 있을 때도 냉면을 자주 먹지는 못했고 맛을 잘 모르는데요. 솔직히 서울에서 먹어본 평양냉면에서 별 맛을 못 느꼈어요. 그저 슴슴했고요. 맛을 잘 모르겠더라구요."

나는 곧 통절한 고통을 가슴속에서 오래도록 삭혀온 이에게 음식맛을 논평해달라고 한 내 가벼움을 반성했다. 나는 그의 대답을 듣고서야 알았던 거다. 고향 음식에 대한 미각을 그는 미필적 고의에 의해 상실한 것이라고. 고향과 함께 따라오는 저 농밀한 슬픔을 희석시키려는 그의 무의식이 그의 미각의 세계에 그런 명령을 내렸다는 걸.

이 변호사는 유년 시절 뛰어놀던 햇살 가득한 바닷가로 반드시 돌아갈 거라고 했다. 그의 시선은 이미 그 푸른 바닷빛에 흥건히 젖어 있었다.

「법률신문 2022년 8월 15일자 게재」

지금은 버티는 시절…
정치인으로서 펼치고 싶은 꿈이 있어

금태섭

전 국회의원

금태섭(55·사법연수원 24기) 전 의원이 21대 총선을 앞두고 당내 경선에 나왔을 때(2020년 3월), 그가 패배하리라고 예상한 사람은 많지 않았다. 상대는 무명에 가까웠고 금 의원 자신은 〈법률신문〉을 포함한 많은 매체로부터 국정감사 우수의원으로 4년 내리 선정되고 의원들이 가장 영예롭게 여긴다는 백봉신사상도 받는 등 충실한 의정활동을 해온 터였기 때문이다. 그런데 결과는 패배. 뭔가 석연찮은 흑막을 의심할 법도 했지만 금 전 의원은 가타부타 불평 없이 깔끔하게 결과를 수용

금태섭 전 의원은 서울대 법대를 졸업하고 사법시험에 합격, 사법연수원을 거쳐 검사로 임용되면서 부친에 이어 법조인의 길을 걷게 된다. 그의 부친은 판사로 일하다가 박정희 정권 때 일어난 사법파동으로 법복을 벗은 금병훈 씨인데, 그런 아버지로부터 어떤 멘토링이나 영향이 있었는지도 알고 싶었다고.

한다. 그때 그에게서 '소쿨'한 걸물이라는 인상을 받은 것은 비단 나뿐이었을까.

아무려나 재선 길이 막힌 그는 지금 뜻하지 않은 야인 생활을 하고 있다. 인터뷰 장소는 한남동에 소재한 그의 변호사 사무실이었는네 원룸 형태의 조그마한 공간은 업무용 오피스라기보다는 작업실이나 개인 서재 느낌이 강했다. 벽면 서가를 가득 채운 다양한 분야의 책들을 보면서 이 정도로 책을 가까이하는 정치인이라면 '무조건' 믿고 가도 좋지 않을까 하는 나른한 몽상이 피어났다. (금 전 의원은 실제로 SNS에 자신이 읽은 책을 자주 언급한다.) 좋아하는 분야를 물었더니 국내외를 가리지 않고 소설을 즐겨 읽는단다. 소설을 통해 인간이 가진 다면성을 헤아리는 직관을 얻는다고 했다.

금 전 의원은 서울대 법대를 졸업하고 사법시험에 합격, 사법연수원을 거쳐 검사로 임용되면서 부친에 이어 법조인의 길을 걷게 된다. 그가 언제부터 법률가의 길을 꿈꾸었는지 궁금했다. 그의 부친은 판사로 일하다가 박정희 정권 때 일어난 사법파동으로 법복을 벗은 금병훈 씨인데, 그런 아버지로부터 어떤 멘토링이나 영향이 있었는지도 알고 싶었다.

"아버지가 판사를 지내셔서 자연스럽게 법을 공부해도 좋겠다는 생각을 했던 것 같아요. 가족들은 아버지 뒤를 이어서 판사를 해보면 어떻겠냐고 했는데, 정작 아버지는 아무 말씀을 안 하셨어요. 그런데 공부를 해보니까 적성에 맞더라고요. 법학이라는 게 옳고 그른 것을 따지는 것인데 제 어린 시절 꿈이 탐정이었거든요. 연수원 마쳤을 때 탐정과 가장 비슷한 직업이 검사라는 생각이 들었어요. 검사의 길을 먼저 택한 좋아하는 친구의 영향도 있었고 아버지와 다른 걸 해보는 것도 의미가 있겠다는 생각이 들었어요."

그렇다면 금태섭은 어떤 검사였을까. <검사외전> 등에서 묘사된 일면 드라마틱한 캐릭터였을 듯싶은데 그가 들려준 이야기는 '모범생'에 가까웠다.

"제가 임용됐던 시점에서 검찰은 정부 수립 후 50년 이상을 진화해 온 조직이었어요. 분명 배울 게 있을 거라는 생각이 들었고 그래서 첫 5년 동안은 속된 말로 벙어리처럼 아무 말 않고 '에프엠(FM)'대로 열심히 일했어요. 검사에겐 6년이 지나면 시험을 쳐서 유학을 갈 수 있는 기회가 주어지는데 저도 유학(미국 코넬대)을 다녀왔고, 그러고서 경력이 10년이 넘으니까 조직에 대해 비평을 해도 되겠다는 생각이 들었어요. 그래서 검찰에 대한 비판적 고언이 담긴 칼럼을 <한겨레>에 연재하게 됐는데, 결과적으로 그 일로 12년 동안 입었던 검사복을 벗게 됐죠."

이후 그의 인생행로는 극적으로 바뀐다. 그는 장기 근속한 중견급 검사 출신으로는 거의 유일하게 '민변'에 가입해 공익을 지원하는 일에 참여한다. 민변 가입이 당연하다고 생각해 들어가 보니까 검사 출신이 정말 한 사람도 없었고 검찰 선후배들 사이에서 금태섭이 민변에 들어간 게 화제가 됐을 정도였다. 그랬던 민변의 위상이 근년 들어 다소간 흔들린 게 사실이다. 문재인 정부 5년과 대선 과정에서 민변이 시나치게 진영 논리에 매몰된 게 아니냐는 비판의 목소리가 터져 나온 것. 매달 회비를 자동이체하는 현직 회원이라는 금 전 의원에게 민변에 대한 비평을 요구했다.

“과거 민주주의가 위협받던 시절에 민변의 역할은 아주 중요했고 또 분명히 의미가 있었다는 생각이 들어요. 민변 활동을 열심히 못 한 제가 비판의 목소리를 내는 건 온당치 않을 터인데, 제 생각엔 정치를 떠나서 의제를 잡아주는 게 민변이 해야 할 역할 같아요. 법률가들은 선거로 뽑히는 사람들이 아니니까 인기 같은 것에 연연할 이유가 없거든요. 그런데 민변 경력을 내세우며 정치에 줄을 대는 사람들이 나왔고, 정치 논리에 지나치게 연동되어 정무적인 판단을 하는 경우들이 있었어요. 이런 부분에 대해선 자성이 필요하다고 생각합니다.”

‘변호사’ 금태섭은 박원순 서울시장 캠프, 안철수 대선 캠프에서 연이어 러브콜을 받는다. 그가 본격적으로 정치인으로서 주목을 받게 된 것은 안철수 캠프에서 대선 상황실장을 맡게 되면서다. 사회에 기여할 일을 찾던 그는 멘토단의 일원으로 안철수 후보를 지원하기 시작했는데, 낭중지추의 소여랄까, 역할과 비중이 커졌고 직이 주어졌다. 그런데 정치를 해보니까 이 역시 적성에 맞는다는 걸 알았고 갈등을 조정하고 해결하는 일들이 흥미로웠다. 그래서 자신이 그때까지 쌓아왔던 사회적 자산을 여기에 다 써도 좋겠다는 판단을 하기에 이르렀다는 것이다. 여기까지 말을 듣고 보니, 그는 결단과 동시에 몸을 던지는 행동대장 스타일이라기보다는 일에 참여하고 그 속성을 생리적으로 체화하면서 자신이 잘할 수 있는 일인지를 섬세하게 실증하는 지장에 가깝다는 느낌이 들었다.

금 전 의원은 민주당 소속일 때 윤석열 검찰총장 직무정지 안에 반대했고, 공수처법에도 다른 목소리를 냈다. 모두가 '예스(Yes)' 할 때 혼자 '노(No)'라고 했던 것. 그런 것이 개인주의자로서의 기질이 농후한 데서 나온 것이 아니냐고 물었더니 이를 부인하지 않는다. 그래서 내가 다시 좀 도발적으로 물었다. 개인주의자는 기본적으로 고독을 지향하는 존재이고 정치인은 운명적으로 세를 모아야 사는 존재인데, 개인주의자의 스탠스를 유지하면서 정치를 한다는 건 치명적으로 불리한 것 아니냐고.

"제 성향에는 분명 개인주의적인 면이 있는데요. 사회적으로 기여를 하고 싶은 마음도 여전히 강해요. 정치라는 것이 여러 사람의 의견을 모으고 협의를 도출하고 결과를 만들어내는 것인데, 초선의원으로서 그것을 제대로 못 한 것을 인정해요. 요즘 열심히 반성하고 있고요.(웃음) 그래서 다시 정치를 하려고 해요. 기회가 주어지면 하겠다는 게 아니라 저 스스로 기회를 만들어서 다시 정치를 하고 싶어요. 정치인으로서 펼치고 싶은 꿈이 있거든요."

정치인 금태섭에게 기대를 걸고 있는 적잖은 이들에게 이 멘트는 그가 가진 확고한 정치적 의지를 확인시켜주는 반가운 복음이겠다.

근년 들어 정치적 논의에 '정의'라는 레토릭이 들어오면서 정치적 정의가 법적 정의를 억압하는 것처럼 보이는 일들이 있었다. 검찰의 수사권한을 경찰에 이첩하는 검수완박(검찰 수사권 완전 박탈) 법안도 그랬고, 최근 핵심 이슈로 떠오른 사면복권 논의도 마찬가지다. 정치적으로 정의를 타협하고 거래해서 법적 정의를 무화시키는 일들이 도모되고 있는 징후들이랄까. 법조인이고 정치인이기도 한 금 전 의원 역시 이에 대해 우려를 표시했다.

"정치인들이 반성할 부분입니다. 정치라는 건 수단인데, 이상적인 방향으로 사회를 끌고 가는 리딩 역할을 해야 해요. 그런데 지금은 수동적으로 편승이나 팔로잉을 하고 있죠. 청와대, 여·야 할 것 없이 여론조사에만 기대서 다수가 원하는 방향을 뒤쫓아 가는 거예요. 그러다 보니 정치적 정의가 법적 정의에 우선시되고 소수자의 목소리가 묵살되고 있어요. 사회는 다수의 목소리에 의해 점점 획일화되고 여기서 파시즘이 태어나기도 해요. 정치적 정의가 과잉되면 법적 정의뿐 아니라 정치적 정의 역시 망가지게 돼요. 둘 다 동시에 망가지는 거예요. 정치가 법적 정의로는 따지기 어려운 가치를 좇는 역할도 하지만 반드시 자성과 절제가 필요합니다."

금 전 의원과 대화를 나누면서 나는 줄곧 신독(愼獨)과 균형이라는 말이 떠올랐다. 자신을 삼가면서 양안적으로 사유하는 그 엄밀한 자의식은 학습으로 얻어진 것이라기보다는 그냥 날 때부터 체득한 것처럼 보였다. 그는 실제로 타인에게 폐를 끼치는 걸 병적으로 싫어한다고 말했다. 이를 근거 삼아 말하면 그는 염치를 알고 던적스러운 걸 꺼리는 개인주의자이되 열린 개인주의자라는 생각이 들었다. 그렇다면 이 달란트는 적자생존과 약육강식의 논리가 지배하는 한국 사회에서 얼마나 귀한 것인가.

법대생과 연수원생 시절, 그는 동기들과 〈법률신문〉을 펼쳐놓고 처음부터 끝까지 읽는 스터디를 했다고 한다. 인터뷰에 보인 사뭇 열정적인 태도에는 그런 소이연이 스민 것인지도 모르겠다는 생각과 함께 내 눈에는 그의 마음밭이 시종여일 넉넉해 보였다. 야인으로 있는 지금의 시기를 "버티는 시절"이라고 표현하면서도 말이다. 그런데 버티는 걸 아무나 할 수 있는 건 아니다. 소실점 밖으로 날아가버린 전직 의원들이 얼마나 많은가. 나는 조바심 없이 버티는 시절을 즐기는 그의 저력이 인상적이었다.

금 전 의원은 좋아하는 소설가로 보르헤스와 나보코프를 꼽았다. 두 사람 모두 전위적 실험을 즐긴 비대중적 작가들이다. 다른 정치인이었다면 정무적 판단으로 대중에게 익히 알려진, 국민작가 반열에 오른 소설가의 이름을 댔을 것이다. 여기서 다시 던적스러운 걸 꺼리는 그의 본성 인증.

맹자는 '무항산(無恒産) 무항심(無恒心)'을 얘기했다. 거꾸로 해석하면 축적한 산물이 있는 자는 마음에 흔들림이 없다는 것이다. 여기서 말하는 산물이라는 게 물질만을 얘기하는 건 아닐 터이다. 금 전 의원은 매력적인 유무형의 자산을 가지고 있는 사람이다. 그가 초선에 그친, 어떤 정치조직에도 소속되지 않은 불안한 전직 의원임에도 뜨거운 주목과 관심의 대상이 되고 있는 것은 원유가 그렇듯 그가 쌓은 자산의 밀도가 높고 이를 가공할 수 있는 유연성이 크기 때문일 것이다. 그의 자산이 또 그만의 것이 아니게 될 때 우리는 한국 정치에 피어날 미증유의 희망의 싹을 보게 될 것이다.

「법률신문 2022년 8월 8일자 게재」

판사인 아버지 보며 공부…검사의 길로
검찰에 비판적 칼럼 쓰다 검사 옷 벗어
중견검사 출신으로 유일하게 민변 가입
안철수 캠프서 대선 상황실장도 맡아

사회가 다수의 목소리로 점점 획일화
정치적 정의가 과잉되면
법적 정의 함께 정치적 정의도 망가져
정치에는 반드시 자성과 절제 필요

시각장애는 마음의 눈으로 세상을 살피라는 계시

김동현

수원지법 판사(현 대구지법 판사, 사법정책연구원 연구위원 겸임)

영재들만 다니는 과학고를 조기졸업하고 우리나라 최고 학부인 KAIST를 나온 뒤 IT전문 변호사를 꿈꾸며 로스쿨에 들어갔을 때, 그의 부모와 가족이 가질 수 있었던 희망의 근수는 얼마였을까. 분명한 건 그는 틀림없이 한 가족의 자랑이자 기쁨이었다는 거다. 그런 이가 재학 중 간단한 시술을 요하는 안과진료 과정에서 의료사고로 시력을 잃는다. 돌연한 암전(暗轉). 보통 사람 같았으면 거기서 무너졌을 것이다. 무너졌대도 전혀 이상할 게 없고 그를 비난할 수도 없다. 자신의 의지와는 무관하게 빛이 사라진 괴괴한 어둠을 마주해야 했던 청춘의

김동현 판사는 부산과학고와 카이스트 신소재공학과, 연세대 로스쿨을 졸업하고 2015년 제4회 변호사시험에 합격했다. 서울고등법원에서 재판연구원으로 근무하고 2017년 서울시 장애인인권센터 변호사로 활동했다. 2020년 10월 법관에 임용돼 수원지법 판사로 근무했다.

절망을 어찌 간섭할 수 있을까. 좌절의 늪에 빠져 있던 그는 어머니의 권유로 절에 가서 매일 3천 배씩, 한 달 동안 물경 9만 배를 올린다. 그는 여기서 심기일전해 남은 로스쿨 과정을 마치고, 초인적인 노력으로 변호사 시험에 합격한다. 그러곤 안주하지 않고 판사 임용에 도전해 뜻을 이룬다.

도저히 믿어지지 않는, 소설이나 영화적 상상력이라 해도 지나치다 싶은 내력을 가진 이가 있다니, 그를 만나러 가면서 나는 내 마음의 매무새를 매만져야 하는 경건함마저 느꼈다. 김동현 수원지법 판사가 그 주인공이다.

소설가 김훈은 어떤 이의 행색이나 외모에서 그의 직업이 쉬이 노출된다면 그는 불행한 사람이라고 했다. 직업적 노동에 그의 삶이 매어 있는 방증이기 때문이라는 것이다. 나는 그 말을 반 정도만 수긍하는 편이다. 모든 사람은 자신의 직업을 신성하게 자부할 권리가 있고 그것을 성실히 수행하는 과정에서 특유의 체화된 스타일이 만들어질 수 있기 때문이다. 평생 흙을 만져온 도공이나 나무를 만져온 도편수에게서 흙과 나무의 기운이 느껴지는 건 그 때문일 테다. 김동현 판사에게서 나는 대번에 반듯하면서 온유한 태도를 읽었는데, 그것은 응당 말과 법을 다루는 율사에게서 기대할 수 있는 단정한 기품이었다. 그런데 그 기품은 부드러움을 품고 있는 것이었다. 날카로운 이(tooth) 사이에 부드러운 혀를 감추고 있는 사람의 입처럼.

그는 인터뷰 장소인 도심 카페까지 택시를 타고 왔다고 했다. 나는 앞이 전혀 보이지 않는 이가 택시를 타고 이동하는, 비장애인에게는 매우 평범하면서도 사소할 그 일상 행위를 그가 어떻게 실행하는지부터가 궁금했다.

"시각장애인 생활이동지원센터에서 지원해주는 콜택시가 있고 서울시가 비용을 보조해주는 바우처 택시도 있어요. 보통 그런 걸 이용하는데, 이게 연결이 안 될 때는 카카오 택시를 타야 해요. 오늘은 연결이 잘 안 돼 카카오 택시를 불러서 타고 왔어요. 앱으로 신청하고 주소를 찍어주고 기사님께 전화해서 도착하면 경적을 울려달라고 하죠."

시각이 할 수 없는 일을 다른 감각이 대체하는 이 불가피한 효율은 경이로우면서 애틋하다. 알다시피 그가 졸업한 카이스트는 이공계 국가인재를 키우는 과학전문 국책대학교다. 그도 처음에는 과학자를 꿈꾸었다고 한다. 그런데 본의 아니게 대학원 진학에 실패하고 몇 군데 시도했던 취업도 뜻대로 안 되어 방황을 하다가 군대를 다녀온 후 법학에 대한 관심이 생겼고 로스쿨에 진학하게 된다. 그리고 학업에 매진하던 중 의료사고를 당하게 된다. 처음 실명 했다는 걸 알았을 때의 기분은 '이제 내 삶은 끝났구나'라는 절망감이었다고. 빛이 송두리째 사라진 순간의 그 막막함을 범인은 짐작이나 할 수 있을까.

어찌 해야 할 바를 모르고 있을 때 불자였던 어머니의 권유로 그는 절(경북 안동 유화사)에 가서 일일 삼천 배 수행에 들어간다. 그러길 한 달. 수행 중 그는 일주일을 펑펑 울었다고 했다. 그리고 눈물을 멈추었을 때 마음속 평화가 찾아왔다고. 모든 눈물은 정화의 기능을 갖고 있기 마련인데 그에게 그 폭포 같은 울음은 과연 어떤 의미였을까. 아마도 원망이

나 회한, 미련까지도 죄다 지우는, 그래서 있는 그대로를 받아들이는 용서와 화엄의 의미는 아니었을지. 그때 유화사 스님이 이런 말을 했다고 한다. 육신의 눈은 잃었지만 마음의 눈을 뜨게 되었으니 마음의 눈으로 보라고. 그로부터 제법 시간이 흐른 지금, 마음의 눈으로 본다는 것을 그는 어떻게 이해하고 있을까. 그의 대답을 들었다.

"육신의 눈으로 본다는 것은 시각 정보에 전적으로 의지하는 거잖아요. 시각 정보는 직접적이고 또 자극적이구요. 그런데 마음의 눈으로 본다는 것은 다른 모든 감각을 다 동원해서 대상을 느끼고 해석하는 거라고 생각해요. 시각 정보에만 의지하는 것보다는 훨씬 더 다채롭고 구체적으로 타인과 세상을 받아들이게 되죠."

김 판사의 말에 따르면 마음의 눈으로 본다는 것은 대상의 총체성을 받아들이려는 태도일 것이다. 옳고 그름을 판별해야 하는 법관에겐 어쩌면 필수적인 스킬을 그는 임용 전부터 갖추고 있었던 셈이다. 그렇다면 그의 장애를 일종의 계시로 볼 수도 있지 않을까.

스님으로부터 각별한 격려를 받은 그는 의지를 다지며 재활이 되지 않은 상태에서 무조건 학교에 복귀했다. 처음에는 모든 것이 낯설고 막연했다고 한다. 그런데 고맙게도 도우미를 자처하는 친구들이 적극적으로 그의 의지와 열정에 응답해 강의 시간을 함께하며 필기도 대신 해주고 식사도 챙겨주고 이동도 도왔다는 것이다. 그도 도움만을 바랄 수는 없어서 적극적으로 자립에 나섰는데, 가장 중요한 게 혼자서 이동하는 능력을 키우는 것이었다. 그는 혼자서 문을 찾고 계단을 오르내리고 도로에 나가서 주변의 소리에 반응하며 보행을 시도했다. 버스나 지하철도 타보고 환승도 해봤다. 그렇게 시각장애인으로서 살아가는 데 필요한 감각을 익혀나갔다. 할 수 없다고 포기했던 것들을 하나씩 하게 되는 과정에서 희열을 느꼈단다. 그는 우수한 성적으로 로스쿨을 졸업하고 2015년 변시에 합격한다. 법조인이 된 이후엔 그보다 10년 앞서 법관으로 임용된 최영 판사의 조언과 독려가 큰 힘이 되었다. 실제로 그가 근무하는 수원지법에는 그의 업무를 돕기 위한 인적 물적 제반조건들이 잘 갖춰져 있다고 한다. 그가 판사의 평시 업무를 수행하는 구체적인 방식은 이렇다. 사건 기록을 법원 속기사가 파일로 만들면 그걸 음성으로 변환하는 프로그램을 통해 하루 열 시간 정도씩 듣고 검토한다. 그림이나 이미지는 속기사에게 설명을 듣고, 지도는 프린트 출력 후 지형이나 위치를 파악한다.

주심판사의 우측에 배석하는 2년차 신참 판사로서 그가 맡았던 사건 중 가장 인상적이었던 게 무엇인지 물었다.

"건물주가 수개월 동안 월세를 내지 못한 상가 임차인에게 퇴거를 요구하는 소송이었는데요. 법률적으로 보면 건물주에겐 아무런 하자가 없어요. 계약 내용에 의거해서 임차인에게 나가달라고 요구한 것이었거든요. 그런데, 제가 면밀히 들여다보니까 '권리남용'을 적용할 여지가 있더라구요. 권리남용은 어지간해서는 잘 안 받아주는 법리인데, 저는 그 개념을 통해 사건을 바라보았고 임차인을 배려해 원고 측의 청구를 기각했죠. 사실 임차인 입장에서는 코로나때문에 수입이 없었거든요. 고맙게도 건물주도 판결에 수긍을 해줬어요."

선량한 마음과 번뜩이는 기지가 만났을 때 어떤 명 판결이 나오는지를 보여주는 대목이 아닐 수 없다. 그와 연세대 로스쿨 동기이자 변시동기인 박기태 법무법인 한중 변호사는 로스쿨에서 그를 도왔던 특급 도우미 중 하나였는데, 율사로서 김동현 판사가 가진 인간적 자질 중 뛰어난 걸로 성실함과 평정심을 꼽았다.

"동현이는 사안을 대충 넘기지 않고 구석구석 보는 성실함이 있고 사건에 감정적으로 휘말려서 분노하거나 동정하는 법이 없이 언제나 평정심을 유지하죠."

김 판사는 현재 서울에서 혼자 자취를 하고 있다. 주5일 양재역에서 지하철을 이용해 수원지법으로 출퇴근한다. 소요 시간은 출퇴근 각각 1시간 10분 정도. 비장애인도 힘든 출퇴근길 강행군을 너끈히 감당하고 있는 것이다. 주말에는 주로 운동을 하거나 지방에 사는 여자친구와 데이트를 한다고. 특히 그는 마라톤을 통해 성취감을 느끼고, 쇼다운(탁구와 비슷한 스포츠로 공이 테이블에 굴러오는 소리를 듣고 배트로 쳐서 상대편 골 포켓에 넣으면 득점을 하는 방식)이라는 운동에도 심취해서 2019년에는 국가대표로 선발돼 세계선수권 대회에 출전하기도 했다고 한다.

앞으로의 계획이나 포부를 묻자 김 판사는 얼굴을 붉히고 수줍게 웃으며 (지금 만나는 여자친구와) 결혼을 하고 싶다고 했다. 인터뷰 중간에 그에게 도발적으로 "당신에게 어둠이란 어떤 것이냐"고 물었는데, 그는 담담히 "일상"이라고 답했다. 그런데 어떤 어둠에는 희망의 농도가 섞여 있음을 인터뷰를 마칠 즈음 알았다.

「법률신문 2022년 7월 4일자 게재」

"
과학자를 꿈 꾸다가 로스쿨 진학
안과 시술 중 의료사고로 시력 잃어
"내 인생은 끝났구나" 절망감 속
절에서 한 달간 하루 삼천 배 수행
눈물이 멈추었을 때 마음에 평화가…

학교 복귀했지만 낯설고 막막
도우미로 나선 친구들 열정에 응답
도움만 바랄 수 없어 자립에 매진
나에게 어둠이란 '일상'
사건 대할 때는 언제나 평상심 유지
"

‘사법체계 재설계’ 입법, 졸속으로 통과 시킬 수 없어 기권

수말스러운 프론티어

양향자

국회의원(~2024, 5)

여고 출신 최초로 세계 초일류기업이라는 삼성전자 임원의 자리에 오른 양향자 의원(광주 서구을)의 입지전은 달리 비교 대상을 찾기 어려울 정도로 극적인 서사를 가지고 있다. 그 얘길 직접 들을 생각에 제법 설레었는데, 인터뷰를 서너 시간 앞두고 의원실에서 돌연 양 의원이 몸이 안 좋아서 인터뷰를 미루거나 시간을 대폭 줄이면 좋겠다는 연락을 해왔다. 그런 제약을 갖고 그를 만났는데 과연 목소리가 안쓰러울 만큼 푹 잠겨 있었다.

양향자 의원은 고등학교 졸업을 앞두고 삼성전자에 입사해 여성으로서 처음으로 임원 자리까지 올랐다. 회사를 다니면서 한국디지털대 인문학 학사, 성균관대 대학원 전기전자컴퓨터공학 석사를 받았다. 2014년 1월부터 삼성전자 메모리사업부 플래시설계팀 상무이사로 근무하다 2016년 1월 더불어민주당에 입당했다. 더불어민주당 최고위원, 국가공무원인재개발원 원장 등을 역임한 뒤 2020년 제21대 국회의원에 당선했다. 이후 더불어민주당 최고위원, 반도체기술특별위원회 부위원장 등을 지냈다.

양 의원의 자전적 이야기가 담긴 책 '꿈 너머 꿈을 향해 날자, 향자'를 읽고 이미 아는 정보였지만 그는 전남 화순 시골 출신이다. 200명가량이 살던 빈한한 촌락이었다. 한 사람이 써내려간 연혁을 해석할 때 그 기원을 먼저 읽어보는 내 나름의 루틴에 따라 일단 화순에서의 성장 시절이 어땠는지, 양향자는 어떤 소녀였는지 그 각별한 삶의 맹아기를 먼저 물었다.

"호기심이 무척 강했어요. 냇물에 얼음이 얼면 얼마나 두껍게 얼었는지 궁금한 거예요. 그러면 동네 아이들 불러 모아 제일 먼저 건너가다 얼음이 깨지는 애가 대장하는 거다, 이러고선 항상 내가 제일 먼저 건너갔어요. 그러면서 몇 번을 물에 빠져도 그런 상황이 오면 어김없이 또 제일 먼저 얼음장 위에 올라갔어요. 집에선 늘 일에 바쁜 엄마를 대신해 할머니와 동생들 챙기고 어른들 일 나가시면 집에 남겨진 동네 아이들까지도 거뒀어요. 그래서 동네 어른들로부터 수말스러운 애라고, 그게 전라도 사투리로 어른스러운 아이라는 뜻이거든요. 그런 얘길 많이 들었죠."

낭중지추라고 그에겐 어려서부터 인간에 대한 깊은 연민과 리더십이 장착되었던가 보다. 고1때 아버지를 여읜 뒤 어머니와 함께 가장 역할을 나누게 된 양 의원은 공부도 잘하고 집안일도 나무랄 데 없는 들보 같은 존재였다. 그 부지런함과 영민함은 아무래도 어머니를 닮은 것 같다고. 집안 형편상 여자상업고등학교에 진학한 뒤에 그에게 일어난 일, 아니 그가 치열하게 치러내고 기어이 이뤄낸 일은 이미 여러 매체에 소개된 대로 거의 영화나 드라마의 대본에나 견줄 만치 버라이어티한 것이다.

삼성전자에 입사하고 승진 자격을 얻기 위해 계속 학력을 업그레이드해온 양 의원이 결혼하고(1990년) 아이를 낳자 회사는 E-3(대졸 사원 직급) 승진심사 면접에서 그를 석연찮은 이유로 떨어뜨린다. 사측의 처사가 뜻하는 메시지는 자명했다. 어렵게 두 번째로 주어진, 마지막일지도 모르는 면접 자리에서 양향자는 면접관들에게 이렇게 쏘아붙였다.

"전 오늘 여러분께 면접을 보러 온 게 아닙니다. 만약 아이를 낳고 회사를 다닌다고 해서 이렇게 승진 시험에서 누락시키는 회사라면 제가 먼저 회사를 떠나겠습니다. 전 이런 회사에 다닐 필요가 없다고 생각합니다."

녹음기 틀어놓고 여러 번 반복해서 연습했다는 그 발언은 고루한 편견과 타성에 갇힌 회사에 던지는, 아니 가부장제와 남성 중심의 세계에 던지는 충심의 일갈, 진심의 절규였다. 결국 승진심사를 통과한 양 의원은 이후 자신과 같은 처지의 후배들이 차별을 받는, 그러니까 실력과 열정은 있지만 성별과 학력 때문에 정당한 평가의 기회를 박탈당하는 일을 만들지 않기 위해 기꺼이 프론티어의 역할을 자처한다. 그리고 비범한 노력 끝에 2014년 삼성전자 최초, 고졸 출신 여성 임원(메모리사업부 플래시 개발실)의 자리에 오른다.

정치에 입문한 건 영입인재로 문재인 전 대통령에게 낙점 받고 삼고초려 형식의 영입제안에 응했던 2016년. 당시 남편은 실업 상태였고 가족 중 환자가 있는 등 집안 분위기가 시난고난한 상황이었다. 당연히 가족과 지인들이 모두 말렸지만 양 의원은 '소명'에 응하는 마음으로 정치권에 발을 들였단다. 그 소명은 당시 다음과 같은 입당 인사말에 수렴되어 있다.

"학벌의 유리천장, 여성의 유리천장, 출신의 유리천장을 깨기 위해 모든 걸 다 바쳐 노력했지만, 청년들에게 '나처럼 노력하면 된다'고 말하고 싶진 않다. (…) 우리 사회가 직장맘들에게 던지는 메시지는 '독해지거나 하나를 포기하라'는 것 말고는 없었다. 출산이 출세를 막고, 육아가 경력 단절로 바로 이어지는 구조를 바꿀 책임이 정치에게 있다."

이런 소신을 갖고 정계에 입문한 직후 바로 치른 20대 국회의원 선거(광주 서구을)에도 나서는데, 정계 거물인 천정배 의원에게 패해 고배를 든다. 하지만 뚝심을 발휘해 민주당 최고위원에 선출되는 기염을 토하고 다시 나선 21대 총선에선 같은 상대로 리턴매치를 치러 압도적 표차로 누르고 국회에 입성한다. 득표율이 무려 75.83퍼센트.

현재, 양향자 위원은 초선의 무소속 의원이다. 그런데 자의반타의반 연일 언론과 매체의 스포트라이트를 받는 이슈메이커가 됐다. 자신 명의로 정권 교체 전후 쟁점이 됐던 소위 검찰의 수사·기소 분리법안에 반대하는 입장문을 내고 기표에서 기권을 하면서부터다. 더욱이 그 직전에 민주당은 해당 안건을 상정하기 위한 '사보임'을 실행, 기재위에 있던 양 의원을 법사위로 옮기는 편법을 감행했기에 내상과 충격이 더 컸다. 그 내막을 그는 야무진 말투로 설명한다.

“저는 글로벌 기업의 엔지니어 출신이잖아요. 하나의 제품을 세상에 내놓기까지 오류가능성을 ‘0’으로 만들기 위한 무한반복 시뮬레이션을 해온 사람이에요. 그런데 70년 간 이어온 사법체계의 근간을 재설계하는 이런 중차대한 입법을 국민들이 피해를 입을 가능성이 명백한 상황에서 졸속으로 통과시킬 수는 없었어요. 또한 첨예하게 대립할수록 대화와 타협을 통해 법안을 완성해야만 검찰개혁이 설득력을 얻을 수 있다고 생각해요. 그래서 국민적 합의 없이, 절차적 당위성 없이 졸속으로 강행 처리하는 것에 이의를 제기하고자 ‘기권’을 한 거예요.”

이 일이 모멘텀이 되어 그는 최근 여당으로부터 반도체특위 위원장을 맡아달라는 제안을 받기도 했는데 이에 대해서는 회의적인 입장이라고 선을 그었다. 자신의 출신지이자 지역구 주민들의 믿음과 기대를 저버리는 일은 하지 않는 게 순리라는 것이다. 그렇다면 거대 집권당 의원에서 무소속 의원으로 신분이 바뀌었는데 불안감 같은 건 없느냐고 물었다. 그러자 우문을 나무라듯 명품 같은 답이 들려왔다.

“불안감은 직을 원하거나 탐할 때 생기는 거예요. 그런데 저에겐 업이 있잖아요. 직을 특별히 바라지 않기 때문에 불안감 같은 건 전혀 없어요.”

그의 속내를 조금 더 파보고 싶어 다시 물었다. 혹여 국회 차원 특위 같은 게 아니라 윤석열 정부에서 아예 공직을 맡아달라는 제안이 들어오면 어떻게 할 생각이냐고. 그러자 이번에도 주저 없는 답을 내놨다.

"그 일이 어떤 일이냐에 따라 달라질 텐데요. 중요한 것은 여야 당파를 떠나서 소신을 갖고 할 수 있는 일이라면 할 수도 있다는 거예요. 정파적 이익이나 이해를 따지지 않고 일할 수 있는 자리라면요."

실제로 양 의원은 공직을 수행한 적 있다. 문재인 정부 시절 국가공무원인재개발원 원장직(차관급)을 맡았는데, 매 기수마다 빼놓지 않고 원장 특강을 할 정도로 열의를 보였고 호응도 좋았다. 직에 욕심은 없지만 주어지면 진심을 다하는 것, 이 역시 그에게 장착된 비범한 달란트로 보였다.

인터뷰 도중 양 의원은 도움을 주고받은 지인과 가족 이야기를 할 때 울컥하기도 했는데, 그 옛날 지하수를 끌어올리던 작두펌프가 그렇듯 고여 있던 서사가 마중물격인 새 서사를 만나 펌핑이 되는 것인지도 몰랐다. 영화로 치면 너무나도 다채로운 시놉시스로 배열하고도 남을 서사를 써나가고 있는 그는 의심할 여지없이 불합리하고 부조리한 세계에 폭탄을 던지는 개혁가이자 프론티어다. 그의 지성과 열정은 모두가 한 국정치라는 회로판에 그렇게 쓰이도록 디자인되어 있다. 인터뷰 중 그의 성정을 알려주는 가장 강렬했던 한 마디를 인용하는 것으로 글을 맺겠다.

"만약 내가 1980년 5월에 광주에 있었다면 아마 나는 앞장섰다가 죽었을 거예요."

1980년에 그는 다행히 화순 이양중학교에 다니는 열넷의 중1 소녀였고 얼음장에 맨먼저 올라서는 그 마을의 '수말스러운' 지킴이였다. 인터뷰는 양 의원의 자의에 따라 예정 시간보다 두 배 이상 진행됐다.

「법률신문 2022년 6월 27일자 게재」

"
냇물 얼음 얼마나 두껍게 얼었는지
제일 먼저 건너던 호기심 많던 소녀
삼성 입사 후 계속 학력 업그레이드
정치 입문은 '소명'에 응하는 마음

유리천장을 깨려고 노력했지만
노력하면 된다고 말하기는 싫어
소신 갖고 할 수 있는 일이면
여야·당파 떠나 맡을 수 있어
"

가장 보통의, 낮지만 그래서 우뚝한 변호사

정 진

법무법인 조율 변호사

가만 보면, 한국 사회의 진화 과정은 특권 계급의 해체와 궤를 같이한 걸로 보인다. 나는 그 발화점이 로스쿨 도입과 함께 시작된 변호사의 양산이라고 생각하는데, 요즘엔 의대 정원을 파격적으로 늘리겠다는 정부와 이에 조직적으로 반발하는 의사들의 대립이 모든 이슈를 집어삼키고 있다.

인적 자원의 분배라는 (국가적) 이상과 계급적 권한의 수호라는 현실은 충돌할 수밖에 없다. 로스쿨 도입 10년이 넘고 변호사가 3만 명에 이른

정진 변호사는 고려대 법대를 졸업했다. 1997년 제39회 사법시험에 합격해
법무법인 삼영, 세계종합 법무법인, 법무법인 성심 등에서 일했다.
2010년부터 법무법인 조율에서 활동 중이다.
고려대·연세대·경북대·전북대 등에서 행정법을 강의했다.

시대에 변호사들은 이 이상과 현실 사이에서 어떤 식으로든 자신들의 경쟁력을 확보해야 하는 미션을 어깨에 짊어지고 있는 셈이다.

사적 친분이 있는 정진 변호사(51, 연수원 29기)를 인터뷰이로 택한 것은 그가 마치 지금의 상황을 오래 전부터 넉넉히 내다보기라도 한 듯 한국 사회에서 안정적으로 유지돼오던 변호사라는 직업의 사회적 지위와 하이어러키로부터 탈속의 행보를 보인 것이 인상적이었기 때문이다.

그는 3만 명이 넘는 변호사 중 한 명이지만, 변호사에게 여전히 질기도록 따라붙고 있는 사회 특권 계급, 지배계층, 기득권의 수호자라는 고정관념을, 자신의 무심한 일상을 통해 자근자근 깨고 있는 것처럼 보인다.

그의 SNS를 보면, 그 내용을 백퍼센트 믿는 것은 자유겠지만, 사법시험을 준비 중이던 시절의 방황이나 자칭 알콜릭이었던 흑역사를 아무렇지 않게 고백하면서 대중에 노출하고 있다. 이런 것이 변호사 '영업'에 결코 유리할 게 없을 터인데 그럼에도 그는 이미지 관리에는 별 관심이 없다는 투다. 그에겐 확실히 보헤미안 같은 단독자의 기질이 승해 보인다. 성장 환경부터 물은 것은 그 때문이다.

"어렸을 때 왕십리에서 살았어요. 지금은 굉장히 좋아졌지만 그 당시엔 가난한 사람들이 많이 모여 살던 동네였죠. 저희집도 셋방살이를 했는데 부모님은 자녀에 대한 애정은 있지만 사실 교육 같은 것은 크게 신경쓰지 않는 분들이었어요. 저는 어머니하고 집에서 사칙연산과 한글 같은 걸 취학 전에 깨우쳤는데, 어머니가 참 똑똑한 분이었어요. 전남 함평이 외가인데, 외할아버지의 완고함 때문에 학교에 들어가 보지도 못할 상황에 처하자 어머니가 학교엘 찾아갔다는 거예요. 그래서 초등학교에 들어가시게 됐죠."

정 변호사는 역설적이게도 공부하는 건 좋아했지만 학교는 싫어해서 중고등학교 시절엔 말 안 듣는 우등생으로 지냈단다. 자퇴도 여러 번 결심했다가 부모님 반대로 실행하지는 못했다고. 자기 멋대로 굴면서도 성적은 좋아서 전교 1등을 도맡아 하다 보니 혹여라도 엇나갈까 봐 선생님들도 그저 지켜만 보았다는 것이다. 학기 초의 어느 날 담임 선생님이 올해는 결석자가 한 사람도 없어야 한다고 훈화를 하자 바로 다음 날 보란 듯이 결석을 했다는 일화를 그가 들려줬을 때 나는 생래적으로 간섭과 억압을 싫어하는 그의 반골로서의 기질을 엿보았다는 생각이 들었다. 그런 정 변호사는 자신이 사실 이과 기질이었다고 귀띔했다.

"수학을 제법 잘했고 그래서 서울대 수학과에 가려고 했어요. 그런데 고등학교에 들어가고 얼마 후 아버지가 병석에 눕게 되셨어요. 그래서 아버지를 기쁘게 해드리려고 의대를 가려고 했는데, 수학 변별력이 갑자기 약해지는 쪽으로 학력고사 기조가 바뀌면서 의대를 못 갔죠. 그러면 법대에 들어가서 사법시험에 합격하면 아버지가 기뻐하시겠다는 생각이 들었어요."

하지만 안타깝게도 그가 사법시험에 합격하던 해 2차 시험을 앞두고 아버지는 세상을 뜨셨다고 했다. 자연스러운 신덱이라고 볼 수민은 없는 법학 공부가 적성에 맞았냐는 질문에 그는 이렇게 답했다.

"이과 출신들이 잘할 수 있는 문과 분야의 학과가 두 개인데, 법학이랑 경제학이에요. 그 밖의 사회과학 분야는 뜬구름 잡는 얘기들인데 법학은 논리적인 거라서 굉장히 잘 맞는다고 느꼈어요. 실제로 이공계 출신들이 사법시험에서 종종 좋은 결과를 내요. 결국 법학이라고 하는 게 삼단논법이거든요. 사람은 죽는다. 소크라테스는 사람이다. 소크라테스는 죽는다. 여기서 소크라테스가 사람인가를 다루는 게 법학이거든요. 이처럼 수학적 명제에서 출발하는 거라서 굉장히 잘 맞는다고 느꼈고, 공부하는 데 어려움이 없었어요."

학력고사 난이도가 쉬워지는 바람에 입시를 망쳤다고 생각한 그는 어려운 시험을 통해 자신을 증명해 보이고 싶은 마음에 사법시험을 봤다고 했다. 그리고 당시 모교 합격생 중 최연소 나이에 보란 듯이 합격. 이후 3년 간 법무관으로 있다가 로펌에 취업하는데, 이미 공부의 맛을 알아버린 그는 대학원에 진학하고는 변호사업을 접고 독일 유학까지 결심한다. 그때는 대학 강단에 서는 것이 순리라고 생각했다고. 그런데 돌연 성심껏 지도해주시던 교수님이 돌아가시면서 다시 인생 행로가 꼬인다.

이때 그의 삶에서 특기할 만한 이력과 연결되는데, 우연히 신림동에서 강의를 하고 있던 친구와의 인연으로 강의를 시작하게 됐고 곧 행정법 명강사로 이름을 떨치게 된 것. 변호사와 병행한 강사 생활은 물경

10년 동안 이어진다. 여기서 그에게 좀 고약하게 다가갈 수 있는 질문을 던졌다.

평소 집단주의나 계급 이기주의에 상당히 비판적인, 그러니까 리버럴한 개인주의자의 정체성을 드러냈던 그가 한국 사회의 지배계급을 양산하는 시스템에 들어가서 그 세계에 올라서는 사다리를 타고자 하는 이들을 적극적으로 도운 것이 이율배반이라는 생각은 안 드냐고. 그러자 특유의 무심한 대답이 돌아왔다.

"강의를 하면서 거부감 같은 건 없었어요. 제가 1997년에 사법시험 볼 때 3차 구술면접을 보는데, 21세기를 향한 법조인의 자세를 얘기해 보라는 거예요. 그래서 뭐라고 얘기했냐면 법조인이라고 해서 특권 의식을 가질 필요도 없고 사명감을 가질 필요도 없다, 그냥 TV 수리하는 사람이 양심껏 수리하고 농사짓는 사람이 약 덜 치고 농사짓듯이 똑같이 해서 돈 벌면 되는 거지 특별하다고 생각할 필요가 없다고 했어요. 강의하면서도 그런 생각으로 했어요. 사실 저는 변호사를 일반 직장인들처럼 생계 수단으로 생각하고 있어요. 이게 아니면 할 게 없거든요. 만약 제가 김치찌개를 아주 맛있게 끓일 수 있다면 변호사 안 하고 김치찌개집을 해도 저는 좋아요."

보통 한국 사회에서 똑똑한 남자들은 사회적 영향력과 발언권을 가질 수 있는 지배적 권위를 선망하게 되는 경우가 일반적이다. 오랫동안 법률가라는 직업은 그걸 실현시켜주는 유력한 수단이자 목적으로 존재해왔다. 그런데 정진 변호사는 자신의 직업적 위계를 비유적으로나마 다른 생계형 직업과 등가적인 위치에 스스럼없이 놓고 있는 것이다.

그렇다면, 그가 사법시험에 합격했을 때 가족이나 친척, 지인 등은 기대가 높지 않았을까. 개중엔 그의 덕을 보려는 이도 있었을 것이고. 주변으로부터의 그런 부담이나 압박감을 그는 어떻게 극복했을까. 또한 사익이나 명예, 정계진출을 통한 공명심 등을 맹렬하게 추구하는 동료 법조인들을 보면서 어떤 생각이 들었는지 물었다. (이언주, 백혜련, 김웅 의원 등이 그의 동기다.)

"애초에 출세하고 싶어 공부를 시작한 게 아니어서 가족들도 기대가 크지 않았어요. 어머니나 누나는 소박한 분들이라 큰 욕심도 없고 제가 소신이 강한 걸 아니까 어떤 요구를 하지도 않았고요. 친척들이 어머니와 누나에게 어떤 부탁을 하면 그분들이 알아서 끊어서 저에게는 전달이 되지도 않았어요. 사람들이 부나 권력을 추구하는 것에 대해서 저는 나쁘게 보지 않아요. 저와 다를 뿐이지 틀린 게 아니잖아요. 저도 어렸을 때는 정치인이 되고 싶은 생각도 잠깐 했었는데, 성질머리상 할 수 없는 사람이란 걸 알게 되면서 관심을 끊었어요. 대학 선배인 백혜련 의원도 연수원 동기지만 나쁘게 보지 않고 김웅 의원도 나쁘게 보지 않아요.

그들 나름의 명분이 있을 테니까요."

그는 변호사에 대한 직업적인 만족도가 상당히 높다고 했다. 위에서 언급한 '김치찌개론'이 설파했듯, 자신이 다른 걸 잘할 수 없다는 걸 알고 있기에 양심껏 자율적으로 일할 수 있는 변호사라는 직업이 너무 잘 맞는다고 했다.

"저는 달리 대안이 없어요. 사람들 만나는 것도 별로 안 좋아하고 또 손재주도 없고 동작도 느리고 거짓말하고 사기치는 것도 못하고 할 수 있는 게 거의 없어요. 그나마 자존심과 양심을 지킬 수 있는 게 이거라고 생각하거든요. 옛날에 천상병 시인이 오늘 먹을 막걸리하고 담배만 있으면 된다고 했듯이 그것만큼은 아닐지 몰라도 당장 큰 걱정만 없으면 되지 존경을 받거나 부자가 되면 뭐 하나 그런 생각을 합니다."

그러면서도 그는 로스쿨 제도 하의 법률시장 생태계에 대해선 소신이 묻어나는 비판을 했다. 그의 진단은 의료서비스 시장에도 시사하는 바가 적잖은 것처럼 보인다.

"로스쿨 제도 도입으로 법률시장의 문턱을 낮아셨나고 하는데, 예긴대 내가 김치찌개를 먹으려고 해요. 그러면 김치찌개 식당 다섯 군데 가보고 제일 맛있는 델 가면 되거든요. 그런 평가가 누구나 할 수 있어요.

근데 법률시장은 평가 자체가 안 돼요. 평생에 한 번 만날까 말까 하는 사람이 변호사잖아요. 예를 들어 소송을 하고 싶어서 변호사 세 사람을 찾아갔는데 a는 500만 원, b는 천만 원, c는 3천만 원 받아줄 수 있다 그래요. 그러면 3천만 원 받아주겠다는 사람에게 맡긴단 말이에요. 근데 이게 대부분 사기꾼이에요. 하지만 이런 평가를 의뢰인들이 정확히 하는 건 사실상 불가능해요. 로스쿨 체제 이후 경쟁이 치열해지면서 이런 사기꾼이나 선무당이 많이 나오고 있는 게 현실이에요."

정진 변호사는 한때 1년에 100권 이상의 소설을 읽고 변협이 발행하던 문학지에 단편소설을 발표할 정도로 소설 마니아이기도 했고, 또 영화를 비평하는 안목도 상당한 수준에 올라 있다. 근년에는 변호사들 사이에서 와인 전도사로도 유명하다. 내 눈에는 이런 취향과 일상적 패턴이 변호사라는 자신의 직업을 받아들이는 그의 태도가 이미 탈속의 경지에 달해 있다는, 보통의 깊이에 천착해 있다는 명백한 방증으로 보인다. 많은 이들을 인터뷰하는 동안 유독 뛰어난 이들의 공통점을 알게 되었다. 그것은 그들이 보통에 심취해 있다는 것이다. 외부의 고평이나 상찬을 가벼이 여기고 오로지 자기 자신의 눈높이와 다툰다는 것이다. 여기, 누구보다 일찍이 보통이 되어버린, 낮아서 외려 우뚝한 변호사가 있다.

「법률신문 2024년 2월 26일자 게재」

"

로스쿨 제도 도입으로 법률시장의

문턱이 낮아졌다고 하는데,

법률시장은 평가 자체가 안 돼요.

의뢰인들이 정확히 평가하는 건

사실상 불가능해요.

"

'이상한 변호사 우영우'의 원작자…
자유로운 영혼 소유

신민영

법무법인 호암 대표변호사

신민영 변호사(44·연수원 41기)는 아닌 게 아니라 드라마 속 캐릭터 같았다. 그가 쓴 책을 원작으로 삼았다는, 요즘 최고로 '힙'한 드라마 <이상한 변호사 우영우> 때문에 하는 말은 아니다. 감출 수 없는 탈란트를 갖고 태어났으나 곧잘 인간적인 털털함도 노출하는, 그러면서도 조직의 윗선이 사고를 칠 때마다 천의무봉의 해법을 제시하는 천재 역을 맡으면 딱 어울린다고 할까. 질문에 대한 답은 빠르고 거침없었으며 그것이 품은 내용은 조리 있고 치밀했다. 실례라면 미안하지만 천재들에게서 공히 보이는 조증처럼도 보였다.

신민영 변호사는 서울외고, 서울대 법대를 졸업하고
2006년 제48회 사법시험에 합격했다. 사법연수원 수료 후 2012~2018년
국선전담변호사로 활동하며 1000건 이상의 형사 소송,
50건 이상의 국민참여재판을 맡았다. 이 경험을 토대로 형사 재판에 대한 경험과 고찰을
에세이 형식으로 쓴 책, <<왜 나는 그들을 변호하는가>>를 2016년 발간했다.
책은 화제의 법정 드라마 '이상한 변호사 우영우'에서 일부 에피소드의 원작으로 인용됐다.
현재 법무법인 호암의 대표변호사로 있다.

신 변호사가 2016년에 펴낸 책『왜 나는 그들을 변호하는가』는 그가 6년 동안 국선전담변호사로서 일하는 동안 다뤘던 형사사건들을 리뷰하는 책인데 1쇄도 다 안 팔리던 것이 드라마 〈이상한 변호사 우영우〉의 저본으로 알려지면서 요즘은 구하기 힘든 책이 됐다. 덕분에 그도 유명해졌고 인터뷰도 제법 하고 있다고.

그가 변호사의 길에 들어선 이야길 들어보니 우연을 가장한 필연이라는 느낌이다. 서울대 법대를 졸업하고 그는 금융회사에 취직한다. 직장을 나와서는 이제 뭘 하고 살까 고민 중이었는데, 먼저 고시촌에 터를 잡고 있던 동기가 사시를 권유하면서 신림동 고시촌의 세계를 투어처럼 보여준 것이다. PC방, 스크린 경마장 등을 직접 보니까 고시생들이 폐인처럼 식음을 전폐하고 법전만 파는 게 아니고 놀 때 놀고 딴짓도 해가면서 공부하는 게 아닌가. 그래서 어디 그냥 한번 해보자는 생각이 들었단다. 스물다섯이었다.

그런데 하늘도 무심하시지, 사시 합격 후 그가 연수원을 졸업하던 해 공교롭게도 로스쿨 1기생이 배출된다. 그는 개인사업자로서 국선전담변호사의 길로 들어서는데, 이야길 들어보니 그 시기에 숱한 사건(1500여 건)을 만나는 동안 변호사로서의 철학과 근육이 생겼다는 걸 알았다. 그에게 변호사라는 직업의 만족도와 국선전담변호사를 하게 된 소이연을 물었다. 솔직하고 쿨한 대답이 돌아왔다.

"아주 만족합니다. 법학은 입장의 학문이라는 생각이에요. 대리인이 아니라 의뢰인 입장에서 사건을 봤을 때 전혀 다른 이야기와 가능성이 열립니다. 마치 영화 〈오수정〉, 〈라쇼몽〉처럼 예기치 않은 우연들이 매번 벌어져요. 그게 흥미롭습니다. 사실 판검사도 해보고 싶었는데 성적이 받쳐주지 않아서…. 사실 국선전담변호사를 하게 된 것도 선택의 여지가 없어서였어요. 당시 로스쿨 1기생이 쏟아져 나온 시기였고 변호사 시장에 취업대란이 일었거든요."

국선전담변호사 시절 그에게 가장 인상적인 사건을 꼽아달라고 하자 존속살인사건 이야길 들려주었다. 열여덟 살 소년이 자살시도를 하고 있던 아버지를 구조한 후 폭행해 살해한 사건으로 기소된 사례였다.

"공소장이 너무 건조했고 사건기록이 너무 얄팍했어요. 피고인의 자백과 감안서만 유효한 자료였달까요. 그래서 양형자료를 샅샅하게 살펴봤죠. 피고인의 입장으로 사건을 들여다본 거예요. 구치소에 가서 가해자를 접견해보니 놀랄 만한 이야기들을 해요. 아버지가 매일 술을 마시고 가장으로서 역할을 전혀 하지 않았고 자살 시도를 자주 했대요. 아이에게서 충분히 외상 후 스트레스 증후군을 의심할 수 있었어요. 부검감정서도 이상했어요. 폭행으로 일어날 수 있는 소견이 아니었거든요. 갈비뼈에 일렬로 골절이 있었는데, 그건 폭행이 아니라 구조 중 바닥에 떨어져서 생긴 것이었어요. 결국 법의학 감정을 다시 요청했고 존속살인이 아닌 존속폭행으로 집행유예 처분을 받았어요."

이 사건은 당시 신문에도 소개됐고, 그것이 책 출간으로도 이어졌다고 했다. 그리고 그 책은 드라마 〈이상한 변호사 우영우〉로 다시 이어진다. 드라마에 모티프를 제공한 당사자로서 법조계를 다룬 영화와 드라마에 대한 입장이 궁금했다.

"법조를 소재로 다룬 영화와 드라마가 많이 나오는 건 환영해요. 그런데 이미 만들어놓은 소스를 쓰는 '간짜장' 같은 느낌이 들 때가 있어요. 예컨대 드라마를 보면 변호사가 현장에 뛰어나가는 경우가 묘사되고 법정에서 '이의 있습니다'라면서 싸우는데, 그건 현실에선 아주 드문 경우거든요. 그런데 그걸 본 의뢰인들이 왜 당신은 그렇게 하지 않냐고 하는 거예요. 그래서 고증이 중요하다고 생각해요. 〈이상한 변호사 우영우〉에도 PD님 요청으로 자문을 하고 있는데 촬영현장에 나와주길 원하더라고요. 현장에 가보니까 극본에서는 미처 잡지 못했던 오류들이 보이는 거예요. 그런 걸 이야기해주는 식으로 자문을 드렸어요."

신 변호사는 6년간의 국선전담변호사 일을 마치고 취업에 성공, 법무법인 예현에 들어간다. 그곳은 금융 자문을 전문적으로 하는 곳. 이때의 경험은 그가 현재 대표변호사를 맡고 있는 법무법인 호암의 주요 특과와도 연결된다. 대부분의 사람들은 각별한 신념과 의지, 불굴의 투지가 따라오는 '영웅서사'에 열광하지만, 신민영 변호사는 '보급투쟁 서사'에 더 큰 관심이 있다고 한다. 변호사도 명백한 생업이고 무엇보다 경쟁이 치열한 시장에서 살아남는 것이 중요하다는 것이다. 변호사 3만 명 시대, 변호사는 국가가 라이선스를 주는 신분 중에서 공인중개사 다음으로 숫자가 많다고 한다.

신 변호사는 남들이 포기한 사건, 패색이 짙은 사건을 되살리는 데 힘써오는 동안 형사사법절차 개선에 많은 관심이 생겼다고 했다. 특히 수사 과정에서의 과학적 접근을 강조했는데, 그가 하는 이야기는 이렇다.

“성폭력사건이나 살인사건처럼 과학적 증거가 등장하는 사건을 개인적으로는 좋아합니다. 참고로 미국에서 가짜 과학수사 기법이 문제가 된 적 있어요. 나름 과학적 근거가 있는 줄 알았는데 그게 아니었거나, 있어도 관리가 엉망으로 됐거나 한 경우였죠. 한국도 이젠 이 문제를 심각하게 들여다봐야 할 시점이 되었어요. 특히 진술분석관 제도는 즉각 퇴출돼야 해요. 진술분석관은 피해자의 진술을 말 그대로 분석해서 진실인지 아닌지의 여부를 가리는 이들인데, 전문적인 양성 프로그램도 없고, 며칠 교육만 받고서는 자격이 주어지거든요. 실제 사건에서 진술분석관들의 정밀하지 못한 보고서가 문제를 일으킨 적이 많아요. 솔직히 말하면 이 인터뷰 기사 제목을 ‘진술분석관 제도 퇴출을 원한다’로 해달라고 요청하고 싶을 정도예요.”

변호사는 좋건 싫건 정의를 다투는 사람이다. 개인적인 생각이지만 근년 들어 정치적 정의가 법적 정의를 압박하는 상황이 만들어졌다. 법조인 출신 두 사람이 지난 대선에서 치열한 경쟁을 펼쳤고 전직 검찰총장이 대통령이 되었다. 그 과정에서 정치적 정의가 과잉을 넘어 포화상태에 다다른 것처럼도 보인다. 이를 우려하는 법조인들의 목소리를 자주 들었다. 신 변호사는 이에 어떤 생각을 갖고 있을까.

“전에는 정치가 법에 차원적으로 우위에 있어야 한다고 생각했어요.

그런데 최근 일련의 사태를 보며 생각이 바뀌었어요. 헌법적 정의 특히 각종 절차적 정의가 철저히 적용돼야 한다고 생각해요. 물론 현실적으로는 힘의 논리, 정치의 논리가 더 힘셀 수밖에 없지만 적어도 ABS (Anti-lock Braking System. 일종의 자동차 제어 장치로 브레이크가 잠기는 걸 방지하는 시스템)가 작동하게 하기 위해서라도 계속 헌법적 정의를 외쳐야 한다고 생각해요."

그에게 변호사로서 견지하고 싶은 가치 세 가지를 꼽아달라고 주문했는데, '도그마틱해지지 말 것', '세계적인 관점에서 볼 것', '사기꾼과는 외상합의 불가'를 꼽았다. 실물과 관념이 적절히 섞인 대답이었다. 마지막으로 요즘 유명세를 치르고 있는데 정치나 공직에 뜻이 있는지 물었다. 질문이 무색하게 시니컬하면서도 현실적인 답이 돌아왔다.

"안 합니다. 정치를 시켜주시지도 않을 뿐더러 사명감을 갖고 해결해보고 싶은 공적 과제도 없어요. 진술분석관 제도는 철폐해야 하고, 번역청을 신설하든가 영어교육 강화해야 하고요. 정치는 사명감 있는 분이 해야 한다고 봅니다."

실리적 감각과 자유로운 영혼으로 무장한 변호사가 여기 있다. 그는 오늘도 열렬히 보급투쟁 중이다.

「법률신문 2022년 7월 25일자 게재」

법학은 입장의 학문이라 생각
의뢰인 입장에 서면 가능성 열려
남들이 포기한 사건에 매달리면서
형사절차 개선에 많은 관심 생겨

법률 소재로 다룬 영화·드라마 많지만
만들어 놓은 소스를 쓰는 간짜장 느낌
변호사가 현장에 달려가는 경우 드물어
촬영장서 보면 거르지 못한 오류 보여

인간에 대한 호기심에서 시작, 마약 변호사로 사는 일

안준형

법무법인 지혁 대표변호사

"마약 투약은 사적인 영역인데 그 내용이 너무 쉽게 알려져요. 보도하는 것도 자제해야 해요. 대중도 치료의 대상인 마약 사범을 사회 전체가 매도해도 되는지 문제의식을 가졌으면 좋겠어요."

마약 전문 변호사로 알려진 인터뷰이의 첫인상은 스포츠 TV채널의 진행자나 아나운서가 연상될 만큼 어떤 전형적인 단정함을 품고 있었다. 짧게 정리한 헤어컷과 말끔한 수트 차림의 조화로움이 당장 방송 스튜디오에 세워도 부족함이 없을 듯싶었다. 말 또한 더하지도 덜하지도

안준형 변호사는 연세대와 중앙대 로스쿨을 졸업하고 2014년 제3회 변호사시험에 합격했다. 10년전 마약 사건을 처음 맡은 후 앞만 보고 달리다 보니 어느덧 마약 전문 변호사가 됐다. 지금은 1년에 약 100건의 마약 사건을 처리한다. 법무법인 지혁 대표변호사이며, 주한 오스트리아 대사관 자문 변호사 등으로 활동하고 있다.

않은 조리를 갖고 있었고 비유는 풍요로웠다.

안준형(39·변호사시험 3회) 변호사는 2023년 11월, <나는 왜 마약 변호사를 하는가>라는 자못 도발적인 제목의 책을 펴냈는데, 마약 형사사건 전문 변호사로서 자신의 정체성을 오롯하게 밝히는 일종의 선언적 의미를 담고 있는 책으로 내게 다가왔다. 그런데, 공교롭게도 책이 나오고 얼마 뒤 마약 투약 혐의로 경찰 수사를 받던 유명배우가 스스로 목숨을 끊는 일이 일어난다. 놀라운 건 안 변호사의 책이 언론과 수사기관의 관행과 마약 사건 피의자의 고통을 놀랍도록 정확하게 묘사하고 있었다는 것이다. 그는 책에 이렇게 쓰고 있다.

“마약 사건은 시작부터 편견과 억측, 비난이 함께한다. 한국에서 마약 사건은 늘 뜨거운 이슈다. 유명인의 마약 투약 사건은 늘 신문에 대서특필되고, 이들을 감옥에 집어넣은 수사 담당자는 고속 승진한다. 이제는 그 대상이 일반인들까지 확대됐다. 수사기관이 공을 다투는 동안 무죄추정의 원칙은 유명무실해지고, 없는 일조차 부풀려져 자극적인 기사로 와전된다. 언론이 만든 이미지로 마약 사범은 대중에게 ‘상종 못할 사람’으로 비난받는다.”

워낙 한국 사회에 큰 충격을 안겨준 사건이었기에, 안준형 변호사에게 유명배우의 비극적 선택을 접했을 때 처음 들었던 생각을 물었다.

“이선균 씨 사건이 터졌을 때 다들 많이 놀랐고 언론 행태에 대해서 여러 얘기들이 나왔지만 저는 새로울 게 전혀 없었고 원래 그래오던 것이 또 시작되는구나 이런 생각이 들었어요. 연예인이나 유명인에 대한 수사는 늘 그래왔거든요. 늘 기자들 불러서 조사 때 망신을 주고 시시각각 수사 내용을 보도하고 이번에도 역시 저러는구나 싶었죠. 그리고 비극적으로 사건이 마무리되니까 이제야 관심을 갖는구나 이런 생각이 들었어요. 정말 다시는 반복되어서는 안 되는 일입니다."

책을 읽는 동안 저자에게서 내가 받은 인상은, 비상한 재기와 함께 의심을 수반할 줄 아는 번뜩이는 인문적 감수성 같은 것이었는데 그 기원이 궁금했고 그래서 성장과정을 물었다.

"성남에서 태어나서 자랐어요. 그때만 해도 되게 가난한 동네였죠. 그때 친구들 만나서 이야길 나누면 서울이나 수도권에서 자란 친구들과는 다른 경험 얘기들이 많이 나와요. 정상적이라고 할 수 있는, 그러니까 번듯한 집에 사는 친구들이 드물었어요. 친구 집에 가보면 화장실이 집 밖에 있다거나 연탄을 때는 집들도 많았구요. 저는 그닥 가난한 환경에서 자라지는 않았지만 그때의 경험이 인간의 삶의 다양성에 대해 관심을 갖게 된 계기가 된 것 같아요. 친구들도 진학을 하는 대신 그때 이미 범죄나 유흥가 쪽으로 빠지는 애들도 있었어요. 그래서 사회적 약자나 취약 계층이 저에겐 남의 얘기처럼 멀게 느껴지지 않아요."

뜻밖에도 안 변호사는 초등학교 때 ADHD가 심했다고 한다. 6년 내내 통지표 내용이 똑같았다는 것이다. '주의가 산만하고 정리정돈이 안 되는 학생이다.' 그런데 다행히도 '공부머리'는 있었다고. 그런 그가 목회자가 되고 싶어 연대 신학과에 진학했다는 얘길 들려주었을 때 자연스레 그에 대한 인터뷰어로서의 몰입도가 올라갔다. 로스쿨도 어쩌다가 우연히 들어가게 되었다고 했다.

"부모님이 바쁘셔서 4남매끼리 부대끼며 자랐는데, 막내인 저는 그 때부터 사람을 좋아하고 매사 호기심이 많았어요. 결국 목회를 하고 싶어 신학과를 갔는데 신학은 인간에 대한 학문이라고 생각했고 그래서 인문학적인 관심을 갖게 됐어요. 그런데 막상 신학 공부를 해보니까 제가 할 일은 아니라는 생각이 들었어요. 제가 그렇게 성숙한 사람도 아니고 길을 안내해주는 역할도 제 길이 아니라는 걸 깨달은 거죠. 그래서 졸업하고 잠시 방송국 PD로 일하다가 곧 그만두고 방황을 좀 했는데, 우연히 친구를 따라 예전에 신청해 두었던 로스쿨 시험을 보게 되었어요."

그는 로스쿨에 들어간 것이 당시엔 인생의 실패로 받아들여졌다고 했다. 그가 하고 싶었던 것은 인문학을 베이스로 삼는 일이었는데, 한 번도 하고 싶다는 생각을 해본 적 없는 법 공부를 하게 되었고 아무 생각 없이 법조의 길을 걷게 된 자신에 대해 심한 회의가 들었다는 것이다. 그는 로스쿨에서 첫 1년 동안 심각한 부적응자였다고 했다.

"통합을 지향하는 대학에서는 문학, 사학, 철학 등 4년 내내 교수와 자연스럽게 대화하는 수업을 듣다가 로스쿨에 들어가 보니 세 시간 동안 교수님에게 아무도 질문을 안 하더라구요. 주입식 수업을 듣는 게 너무 힘들었어요. 시험도 자기 생각을 적는 시험을 보다가 정답이 있는 시험을 보려니까 적응이 안 되었구요. 다시 고등학생으로 돌아간 기분까지 들었어요. 다들 재는 자퇴할 수도 있겠구나,라는 생각을 할 정도였어요."

사람 일은 모른다고 했던가. 그랬던 그가 지금은 업계에서 인정하는 마약 전문 변호사가 되어 있다. 안준형 변호사는 10년차 변호사 생활을 하는 동안 수없이 많은 마약 투약 사건 의뢰인과 가족, 수사기관과 언론의 반응을 접해왔다. 그가 생각하는 마약 사건을 대하는 우리 사회의 맹점은 무엇일까.

"마약 투약은 단정치 못한 내밀한 사생활과 연결될 수밖에 없어요. 마약을 하고 책을 읽거나 교회를 가지는 않을 거란 말이죠. 향락과 연결되는 게 보통이에요. 이렇듯이 마약 투약 이후의 행위들은 개인의 사적인 영역인데 그 내용이 너무 쉽게 대중에게 알려져요. 언론에서 개인의 민감한 사생활이라는 걸 섬세하게 인지하면 좋겠는데 그게 안 되는 거죠. 언론의 양심을 걸고 수사기관에서 흘러나온 내용을 보도하는 것도 자제해야 해요. 대중도 치료의 대상인 마약 사범을 사회 전체가 매도해도 되는지 문제의식을 가졌으면 좋겠어요. 그런데 지금 한국 사회의 대중은 법적 기준이나 사회적 관습만으로 마약 사범을 너무나 쉽게 단죄해요. 법이 금지한 행위를 했으니 비난받아 마땅한 범법자다, 이 정도로만 보는 거죠. 이선균 씨 경우에도 그가 왜 마약을 할 수밖에 없었는지,

언론이나 수사기관에서 그를 대하는 태도가 옳은 것인지 개인적 기준에서 의문을 가질 수 있어야 하는데, 법과 사회가 정해준 기준만 가지고 재단하는 거예요. 법이 지금보다 조금 느슨해질 필요도 있다고 생각해요."

그는 책에서도 마약 투약자들에겐 처벌보다 치료에 방점이 찍혀야 한다는 걸 강조했다. 그런데 그럴 경우, 마약 투약의 위법성에 대한 경고 효과 및 재발 방지의 효율성이 줄어들 거라면서 우려하는 시선이 여전히 강고한 게 현실이다. 이에 대한 안 변호사의 생각을 물었다.

"결국 처벌은 마약 시장에서 수요자를 억제하는 건데, 지금 마약 투약자의 재범률이 너무 높아요. 중독은 질병인데, 질병을 치료하는 전문가는 의사이지 검사나 경찰이나 교도관이 아니거든요. 처벌과 치료가 마약 사범을 다루는 두 축이긴 한데, 지금은 치료의 축이 상당히 미비하다는 생각이 들어요. 중독이란 단어는 의학적으로 분명히 질병 코드예요. 이제는 우울증도 개인의 나약함으로 치부하지 않고 질병으로 간주하잖아요. 마약 중독자는 치료의 대상인데, 국가가 처벌도 해야 하는, 그래서 양가적인 감정을 느끼게 하는 게 마약 투약 사건의 특별한 점이에요. 그래도 중독은 질병이라는 관점에서 마약 투약 사건을 바라보는 관점이 늘어나야 한다고 생각해요. 마약 사범들을 일반 사범들과 달리 소위 '뽕방'에 분리해서 수감하는 것도 문제예요. 그 방에 들어가면 수감 기간 동안 마약 얘기만 듣다가 나오거든요."

안 변호사에게 가장 기억에 남는 마약 투약 사건의 실례와 함께 그 사건이 남긴 인사이트를 들려달라고 했다.

"한 의뢰인이 있었어요, 누가 봐도 잘 자랐고 사회에서도 중요한 역할을 하고, 인물과 성품도 좋은 사람이었는데 필로폰 중독이었어요. 그런데 헌신적인 부모님과 제가 약을 끊게 하려고 참 많은 노력을 많이 했어요. 재판도 잘 되어서 집행유예로 마무리됐어요. 그는 부모님과 매일 산책하는 등 각고의 노력을 해서 약을 다 끊고 나서 저를 찾아왔어요. 그런데 저를 보고 나서 한 달도 안 돼 자살을 한 거예요. 그때 충격을 받았고 고민도 많았어요. 주변에서 약을 끊게 하고 처벌을 안 받게 하는 것에 몰두하는 동안 이 사람은 정말 죽을 만큼 힘들었구나, 약을 끊고 나서도 행복하지 않았구나, 정말 약을 끊는다는 게 뭔가, 행복이란 무엇인가 이런 생각이 들더라구요. 과연 우리가 이 사람을 위해 최선을 다했다고 생각할 수 있는가 이런 생각요. 그 사건 이후로는 왜 마약을 하느냐, 왜 못 끊었느냐, 이런 얘길 쉽게 안 하게 됐어요."

개인적으로 법조인과 변호사는 우리 사회가 고비용으로 길러낸 고급 자원이고, 공동체의 문제를 외면해서는 안 되는 지식인이라는 생각을 하고 있다는 말과 함께 그에게 지식인으로 공익적인 책무에 대한 관심이 어느 정도인지를 물었을 때 그가 내놓은 답은 이랬다.

"네, 지식인으로서의 책임이 필요하다는 말씀에 동의해요. 저도 공익에 관심이 많아서 인턴도 공익법률사무소에서만 했어요. 그런데 로스쿨 나오니까 이게 생존의 문제더라구요. 일단 제가 성장을 해야 남을 도울 수 있다는 생각이 들었어요. 지금 개업한 지 3-4년 됐는데, 사무실도 안정적인 운영도 하고 직원 월급도 줘야 하고 열심히 일하고 있죠. 그런데 공익에 대한 관심도 포기할 수 없어서 동물권 보호 단체 카라 활동이나 노숙인 배식 봉사 활동도 했고, 아동권리보장원이라고 보호가 필요한 아이들, 그러니까 고아들을 관리하는 기관인데 거기 자문위원도 하고 있어요. 작년까지는 변협에서 인권이사로 일했고, 희망을만드는법 공익변호사 모임에 기부도 하고 있어요. 여성들을 위한 가정법률상담소에서 자문위원으로 참여하고 있구요."

그가 하는 말의 모든 마디에서, 자신이 하는 일, 그러니까 직분에 대한 열정과 자부심을 발견하는 것은 어려운 일이 아니었다. 실제로 그는 로스쿨에서 심각하게 부적응의 시간을 겪었던 전력이 무색하리 만큼 현재 자신의 직업에 대해 상당한 만족감을 느낀다고 말했다.

"만족도가 10점 만점이라면 11점을 주고 싶어요. 변호사는 자문, 사내, 공무원으로도 일할 수 있는데, 저는 송무, 특히 형사를 맡았어요. 저와 잘 맞더라구요. 법 공부는 닫혀 있다는 인상을 받았지만 변호사라는 직업은 매우 열려 있는 직업이고, 다양한 사람들을 접하고 만나는 게 정말 재미있었어요. 의뢰인과 상담하고 구치소에서 면회하고 법정에서 판사 검사와 다투는 과정이 저와 잘 맞았다고 할까요. 지난 10년 동안 이 직업이 힘들다거나 재미가 없다거나 내가 왜 이 직업을 택했을까라는 말을 농담이라도 한 번도 해본 적도 없어요."

안 변호사는 여가 시간에 산을 오르고 미술사와 작가를 공부한다고 했다. 그것 역시 인문적 감수성의 발로로 보였다. 아울러 공직이나 정치권의 영입 제안 같은 유혹(?)이 있어도 흔들림 없이 현재의 직분을 유지할 거라고 했다. 그가 애초에 걸으려고 했던 신학의 길은 어찌 보면 인간이 절대적 실존과 한계를 자각하면서 자신의 고유한 자리를 찾는 것이 요체인지도 모른다. 원죄와 구원이라는 인본적 과제를 끝없이 성찰하면서 말이다. 그렇다면 내가 볼 때 안준형 변호사는 신학이라는 과목을 조금도 낭비하지 않고 자기 길을 잘 찾은 셈이다.

「법률신문 2024년 1월 29일자 게재」

"
마약 투약은 사적인 영역인데 그 내용이 너무 쉽게 알려져요.
보도하는 것도 자제해야 해요. 대중도 치료의 대상인 마약 사범을
사회 전체가 매도해도 되는지 문제의식을 가졌으면 좋겠어요.
"